KB121876

나는 품격 있게 일한다

나는 품격 있게 일한다

한기연 지음

차 례

PART 3 프로페셔널의 빛나는 품격

PART 4 새콤달콤, 맛있는 비즈니스 만들기

사소하지만 섬세한, 진심이 담긴 서비스
진심은 힘이 세다

100세 시대, 삶의 품격을 준비하자

　나는 사람들의 얼굴과 몸을 아름답게 디자인하는 일을 한다. 서른 살에 일을 시작해서 40년 가까이 한 업종에서 일하고 있다. 열심히 일한 덕분에 내 아이들이 꿈을 이룰 수 있도록 아낌없이 지원해주고, 남편에게 고급 승용차를 선물해줄 정도의 자산을 갖추었다. 게다가 고객들이 양손을 치켜들어 쌍따봉을 날려줄 정도로 실력도 인정받고 있다. 어디 그뿐인가. 강의를 통해 제자들에게 나의 기술을 나누고 있으며, 다양한 방면으로 더 많은 사람과 소통하며 아름답고 건강한 얼굴과 몸을 가꿀 수 있도록 도울 계획도 가지고 있다.

이름만 대면 알만한 큰 기업을 이룬 것도 아니고 빌딩을 소유할 만큼 큰 부자가 된 것도 아니지만, 나는 이 정도면 충분히 성공하고 행복한 삶이라 생각한다. 지난 시간 내가 이루고 쌓아온 결과물도 만족스럽지만, 무엇보다 나는 내 일이 너무나 좋다. 늘 아침이면 출근이 설레고, 고객을 만나면 즐겁고 행복하다.

주부가 천직인 줄 알고 살던 나는 부족한 생활비를 충당해보겠다고 무작정 사회로 나왔다. 여성의 사회적 활동이 당연한 요즘과 달리, 내가 20대였던 시절에는 남편의 월급으로 아끼고 모으며 살림을 하고 자녀를 키우는 사람이 대부분이었다. 더러는 직장에 다니며 돈을 벌고 자아실현을 하는 이들도 있었으나 요즘처럼 당연한 것은 아니었다. 그런데 40여 년의 세월이 흐르는 동안 세상이 완전히 달라졌다. 여성 역시 남성과 마찬가지로 배움과 자아성취가 당연한 권리가 되었고, 직업 활동 또한 필수가 되었다. 혼자 벌어서는 가정 경제를 안정적으로 유지하기 어려운 데다, 무엇보다 평균수명이 100세를 넘어서니 좋든 싫든 50년에 가까운 긴 시간을 직업인으로 살아야 하는 세상이 온 것이다.

다이아몬드가 촘촘히 박힌 금수저를 물고 태어났다면야 돈 걱정 없이 평생을 즐기고 누리면서 살 수도 있겠으나, 그런 엄청난 복을 가지고 태어난 사람은 흔치 않다. 타고난 재능과 열정으로 세상에 이름을 알리고 엄청난 부를 축적하는 이도 있겠으나, 이 또한 마찬가지로 소수에 불과하다. 대부분은 보통의 사람으로 태어나서 평범하게 살아간다. 그 과정에서 직장인은 상사의 눈치를 살피고, 자영업자는 고객의 비위를 맞추면서 소심한 을로 살아야 한다. 삶의 더 큰 행복을 위해 수십 년의 세월 동안 직장에서 열심히 일하지만, 정작 그 시간이 고통인 경우도 많다.

50년에 가까운 세월 동안 하루 8시간 이상씩의 직업 활동을 한다는 것은 큰 기쁨이자 행복이 될 수도 있으나, 반대로 엄청난 고통이 될 수도 있다. 내가 잘하고 좋아하는 일을 즐겁게 할 수 있다면 그 시간은 내게 최고의 기쁨과 행복감을 줄 것이다. 그러나 돈을 벌기 위해 좋아하지 않는 일을 억지로 해야 한다면, 게다가 자존심까지 내려놓으며 을의 삶을 살아야 한다면 50년이라는 긴 세월은 더할 수 없는 고통일 것이다.

'개같이 벌어서 정승 같이 쓴다'라는 말이 있다. 자존심도 내려놓고 궂은일도 마다하지 않으며 열심히 돈을 벌어서 우아하고 품격 있게 쓴다는 의미이다. 그런데 기왕이면 돈을 벌 때도 정승처럼 우아하고 품격 있게 벌어야 한다. 가뜩이나 살기 힘든 세상에 무슨 배부른 소리냐고 할 수 있겠으나, '돈'이 아닌 '실력'에 집중하며 나의 분야에서 최고의 전문가가 된다면 충분히 가능한 일이다.

연애와 결혼, 내 집 마련과 인간관계, 심지어 소박한 꿈마저 포기해야 하는 거친 세상이 되었다지만 여전히 그 안에서 기회를 만들고 꿈을 이루면서 승승장구하는 이들은 있다. 게다가 그들 또한 황금 수

저나 황금 재능을 가지고 태어난 선택받은 소수가 아닌 평범한 보통의 사람들이다. 그들은 직장이 아닌 평생 직업을 설계하고, 나 자신을 최고의 명품으로 만든다는 마음으로 실력과 태도를 갖췄다. 그리고 직장이나 고객, 돈을 좇지 않고 스스로의 실력을 갈고닦은 덕분에 그런 그들이 나를 따르도록 만들 수 있었다.

50년의 긴 시간을 늘 행복하고 즐겁게 일하면서 나의 꿈을 이루고 돈까지 풍족하게 벌 수 있다면, 이보다 더 큰 성공이 어디 있을까. 나는 이 책에 100세 시대를 맞아 우리가 평생을 즐겁고 행복하게 일할 수 있는 비법을 담아두었다. 나의 경험에서 비롯된 이야기지만, 모두가 고개를 끄덕일 만한 이야기일 것이다. 특히 나와 같은 기술 서비스 직군의 소상공인들이 자존심을 지키면서 당당하고 품격 있게 돈을 벌기 위한 비법을 세세하게 담아두었다.

고객의 선택을 기다리는 것이 아닌, 오히려 고객이 내게 줄 서게 하는 법, 경쟁업체들과 차별화되는 나만의 색깔을 만들고 격이 다른 최고의 서비스를 제공하는 법, 고객과의 관계에서 스트레스를 최소화하는 법, 일 속에서 행복과 즐거움을 찾는 법 등 나 자신을 품격 있는 프로페셔널로 완성하는 비법들을 정리해두었다.

물론 그것은 단순히 흉내 내기만으로 익힐 수 있는 것들이 아니다. 그러기를 바라며 이 책을 쓴 것도 아니다. 대신 이 책을 읽은 후 '나는 왜 행복하게 일해야 하는가?', '행복하게 일하려면 내 삶을 어떻게 디

자인해야 하는가?', '꿈과 목표를 이루기 위해 현실에서 어떤 실천을
해야 하는가?'에 대한 답을 스스로 찾아갈 수 있기를 기대한다.

　한 번뿐인 인생이다. 그 한 번의 기회를 어떻게 활용하느냐에 따라
삶은 가시밭길이 될 수도, 꽃길이 될 수도 있다. 문득 뒤돌아보며 지
나온 시간을 후회하지 않으려면 그냥 살아가는 삶이 아닌, 생기 넘치
는 하루하루가 되도록 최선을 다해야 한다. 어제와 오늘, 내일을 정
성으로 쌓으며 스스로 내 삶의 품격을 완성해나가야 한다.

PART1

장바구니를 든 커리어우먼

1일 3팩!
다들 그 정도는 하시죠?

오전 5시 30분. 나의 하루가 시작되는 시각이다. 일부러 알람을 맞추지 않아도 늘 그때쯤이면 눈이 떠진다. 출근 전의 아침 시간은 오롯이 나만의 것이기에 눈을 뜨는 그 순간부터 홍얼홍얼 콧노래가 나올 정도로 몸과 마음이 상쾌하다.

잠에서 깬 나는 거실로 나와 30분 정도 집중해서 책을 읽는다. 머릿속에 다른 생각들이 들어오기 전에 책이 전하는 좋은 말과 깨우침을 내 안에 먼저 넣어준다. 덕분에 새벽의 신선한 공기와 함께 책이 전하는 메시지가 나의 몸과 마음에 긍정의 기운을 채워준다.

6시부터는 요가와 스트레칭, 근력운동 등 홈트레이닝을 하는데, 최소 40분 이상은 하려고 노력한다. 운동이 끝난 6시 40분부터 8시까지는 본격적인 뷰티타임이다. 나는 며칠에 한 번 면봉에 염색약을 묻혀 부분 염색을 한다. 일흔을 바라보는 나이이니 검은 머리보다 흰 머리가 더 많은 것이 당연하겠지만, 최대한 흰 머리가 보이지 않게 꼼꼼히 염색한다.

염색이 끝나면 얼굴에 보습과 미백 효과를 주는 팩을 한다. 15분 후에 팩을 닦아내고 다시 리프팅 효과가 있는 팩을 한다. 얼굴 팩이 끝나면 가끔은 헤어팩도 한다. 모든 팩이 마무리되면 복부운동을 하고 갈바닉 마사지기로 복부 셀룰라이트를 정리해준다. 그리고 이 모든 과정이 마무리되면 샤워를 하고 화장을 한 후에 우아하게 주방으로 향한다.

남편은 그때까지 절대 방 밖으로 나오지 않는다. 책을 읽고, 운동하고, 얼굴을 단장하는 나만의 시간을 방해해서는 안 된다는 것을 잘 알기 때문이다. 간단히 아침을 차려놓으면 그제야 밖으로 나와 함께 식사한다. 오랫동안 이어온 나의 평범하지만 특별한 아침 풍경이다.

어제보다 오늘, 오늘보다 내일이 더 예쁜 사람이 되자

"1일 1팩 하나 봐요?"

깨끗하고 맑은 피부를 칭찬할 때 흔히 하는 말이다. 팩의 효과도 효과지만, 매일매일 꾸준히 피부 관리하기가 쉽지 않으니 그 노력을 칭찬하는 말일 것이다.

　이렇듯 남들은 1일 1팩도 쉽지 않은 것을, 나는 아침마다 얼굴에 두 종류의 팩을 하고 밤에 또 한 번 더 팩을 해서, 매일 '1일 3팩'을 한다. 수십 년의 세월 동안 매일, 그것도 일흔 살이 다 되어서도 이렇듯 외모에 정성을 쏟는 내 모습을 보면 누군가는 '주책 맞다', '유난스럽다'라고 흉볼지도 모를 일이다. 그래도 어쩌겠는가. 나는 어제보다 오늘 더 예쁜 사람, 오늘보다 내일 더 아름다운 사람이 되고 싶은 것을!

　나는 아름다운 얼굴형과 반듯한 몸매를 디자인하고, 깨끗한 피부를 되찾아주는 일을 한다. 매일 고객들을 만나며 더 예쁘고 더 아름다워지게 하는 네츄럴테라피 관리서비스를 제공하면서, 정작 원장인 나는 나이 뒤에 숨어 쭈글쭈글 늘어지고 칙칙한 피부에 꾸부정하고 틀어진 자세로 산다는 것은 말이 안 된다고 생각한다.

　물론 이러한 직업적 이미지를 떠나 여자로서, 한 인간으로서 나는 더 예쁘고 더 아름다워지고 싶다. 그래서 매일 아침 3시간에 가까운 나만의 뷰티 타임이자 힐링 타임을 가지며 어제보다 오늘, 오늘보다 내일이 더 예쁜 사람이 되려 애쓰는 것이다.

　"네? 정말이요? 말도 안 돼요!"
　내 나이를 들으면 다들 약속이라도 한 듯이 이 같은 반응을 보인다. 예전엔 너무 자주 듣는 말이라 그러려니 했는데, 요즘엔 들을 때마다 너무나 감사한 마음이 든다. 단순히 나이보다 젊어 보인다, 예뻐 보인다는 의미가 아닌 "삶을 정말 예쁘게 잘 가꾸셨어요!"라는, 내 삶에 대한 인정과 존경의 말로 들리기 때문이다.

행복한 삶, 아름다운 삶은 '나 자신을 귀하게 여기는 것'에서부터 비롯된다. 매일 새벽 5시 30분에 기상해서 3시간 가까이 외적인 아름다움에 시간을 쏟는 사람이라면, 이후의 시간은 어떨 것 같은가? 그 정도로 부지런하게 자신을 아끼고 관리하는 사람은 이후로 이어지는 시간 또한 결코 헛되이 쓰지 않는다. 피부를 가꾸고 몸매를 가꾸는 노력의 수십, 수백 배의 열정으로 자신의 삶을 가꾼다. 나 역시 가족과 비즈니스, 건강 등 내 삶의 모든 영역에 열정을 다한다. 바쁘단 핑계로 소홀해지지 않으려 시간을 분 단위로 쪼개어 활용하고, 체력의 한계에 부딪히지 않으려고 늘 꾸준히 운동을 한다. 그리고 무엇보다, 내 삶의 모든 순간이 아름다울 수 있도록 감사와 긍정으로 나를 채운다.

성형이나 보톡스, 필러와 같은 인위적인 시술은 그 효과가 잠시뿐이다. 시술 효과가 떨어지기 시작하면 원래 상태로 돌아가는 것은 물론이고, 오히려 전보다 더 못나진 것 같다는 생각에 사로잡혀 점점 더 고가의 시술에 집착하게 된다. 그러나 이것은 잘못된 생각이다. 예뻐지려고 겉모습에만 집중하는 것은 바람직하지 않다. 체력이나 건강, 마음은 힘들고 지친 채로 내버려 두면서 겉만 다듬는다고 과연 아름다워질까? 자신을 사랑하는 사람은 외모뿐만 아니라 내면, 그리고 몸의 건강과 삶의 아름다움까지 골고루 신경 쓰고 정성을 들인다.

나를 가꾸는 것은 내 삶을 가꾸는 것과 연결된다. 고객의 얼굴과 몸의 비대칭을 잡아주고, 다시 본래의 모습처럼 예쁘고 반듯하게 만들어주면서 내가 늘 잊지 않고 하는 말이 있다.

"지금부턴 다리 꼬고 앉지 마세요. 잘 때도 똑바로 누워서 주무셔야 해요. 어렵사리 식단관리하고 운동해서 예쁜 몸매를 만들어놨는데, 폭식하고 야식 먹으면 다시 찌죠? 그거랑 똑같아요. 수면습관인데 어쩌겠느냐 하겠지만 계속 마인드 컨트롤을 하면 됩니다. 잘못된 습관을 바꾸지 않으면 우리 몸은 점점 더 틀어지고 비대칭이 된답니다. 그러니 외적인 관리와 더불어 평소 잘못된 생활습관을 바꾸려는 노력을 꼭 하셔야 합니다."

이 외에도 한쪽으로만 씹어서 먹는 습관, 급하게 먹는 습관, 짜게 먹는 습관, 야식을 먹는 습관, 물을 안 마시는 습관, 핸드폰이나 노트북을 보며 목을 쭉 빼는 습관 등등 우리가 아무렇지 않게 하는 그 사소한 행동들이 하나하나 모여서 우리의 건강을 망치고, 아름다움을 무너뜨리고, 못난 나를 만든다. 삶도 마찬가지다. 아무렇지 않게 하는 나쁜 습관, 부정적인 태도, 우울하고 비관적인 마음 등이 나의 하루를 망치고, 목표로부터 점점 멀어지게 하며, 즐거움과 행복감도 잃게 한다.

삶이 건강하면 아름다움은 따라온다. 하루 3시간이 아니어도 좋고, 1일 3팩이 아니어도 괜찮다. 하루 한 시간, 오롯이 나만의 시간을 가지면서 몸과 마음을 보살펴 보자. 책을 읽어도 좋고 명상을 해도 좋고 운동을 해도 좋다. 나처럼 외모의 아름다움을 가꾸는 뷰티타임을 갖는 것도 괜찮다. 그게 무엇이든 온전히 자신에게 집중하면서 다시 몸과 마음의 건강과 아름다움을 채워주자. 속부터 든든히 차오르는 아름다움과 행복감을 맛보게 될 것이다.

반전의 공주,
역전의 여왕

‘여자 팔자는 뒤웅박 팔자이다’라는 말이 있다. 여자는 어떤 남자와 결혼을 하느냐에 따라 인생이 달라진다는 의미가 담긴 말이다. 뒤웅박을 보관 용기로 사용하던 시절에 부잣집 뒤웅박에는 쌀이 담기고 가난한 집의 뒤웅박에는 여물이 담겼는데, 여자도 이 뒤웅박처럼 부자 남자에게 시집을 가느냐 가난한 남자에게 시집을 가느냐에 따라 그 팔자가 결정된다는 의미로 생겨난 것이다.

요즘도 이 말에 고개 끄덕이는 사람이 있을지 의문이지만, 내가 결혼하던 40여 년 전에는 대부분이 이를 당연한 말로 여겼다. 집안의 가장이자 경제 활동의 주체가 남편이다 보니 부자 남자, 능력 있는 남자와 결혼하는 것을 최고 팔자로 쳐주었다. 내 부모님도 딸들에게 얌전히 있다가 좋은 사람 만나서 시집이나 잘 가면 된다고 늘 말씀하셨다.

그래서 그래야 하는 줄만 알았다. 모두가 그렇게 생각하고 그렇게 말하니 나도 그런 줄로만 알고 살았다. 그런데 서른 살이 되던 해에 여자나 아내, 엄마가 아닌 '나'라는 한 인간의 능력을 만들기 위해 세상으로 나오고, 40년 가까이 '나'의 삶을 살아보니 확실하게 알게 됐다. '여자 팔자는 뒤웅박 팔자이다'란 말은 헛소리에 불과하다는 것을!

뒤웅박 팔자, 반전의 공주

보라색 캐시미어 코트, 연두색 세라복과 연두색 헤어밴드, 하얀 레이스 장식이 달린 하늘색 원피스와 하늘색 헤어밴드, 흰 스타킹에 검정 에나멜 구두. 초등학생 시절 나의 일상복들이다. 엄마는 나를 공주처럼 예쁘게 꾸며주는 것을 좋아하셨고, 나 역시 예쁜 옷, 예쁜 가방, 예쁜 구두를 신고 친구들 사이에서 공주가 되는 것이 즐거웠다.

요즘은 모든 아이가 왕자이고 공주인 세상이라 그런 옷들이 별스럽지 않지만, 먹고사는 것도 쉽지 않았던 1960년대에 자식 많은 집의 막내, 그것도 딸아이에게 그토록 정성을 들이는 일은 흔치 않았다. 부모님은 두 분 모두 법원에 근무하는 공무원이셨는데, 다섯 자녀를 공부시키고 키우려니 넉넉한 형편은 아니셨던 듯하다. 그럼에도 유독 막내딸인 내게 정성을 들이고 많이 예뻐해주셨다.

우리 집은 첫째인 아들 아래로 줄줄이 딸이 넷이나 되었다. 엄마는 첫째 언니의 옷을 사면 최대한 잘 관리하여 동생들에게 물려 입히셨다. 그런데 딸 중 네 번째인 내 차례가 되면 옷은 이미 낡고 헤져버려 어쩔 수 없이 새 옷을 다시 장만해야 했다. 게다가 딸들이 하나둘 상급학교로 진학하여 교복을 입게 되자 엄마는 막내딸인 내게 더 정성을 들이셨다. 단정하게 머리를 빗기고 공주처럼 예쁜 옷을 입혀 학교에 보내는 것이 큰 즐거움이셨던 것이다. 선생님이 친구들 앞에서 모델 워킹을 시키셨을 정도로 그 시절 나의 옷차림은 또래 친구들 사이에서도 확연히 눈에 띄었다.

물론 옷만 예쁘게 입힌 것은 아니었다. 도시락도 정성스럽게 계란말이를 해서 케첩까지 뿌려주셨고, 당시에 구하기 힘들었던 치즈 반찬도 종종 싸주셨다. 남대문시장의 수입코너에서 통으로 된 치즈를 사서 깍두기처럼 썰어 도시락에 챙겨주시기도 했다. 중고등학교 때는 항상 지갑에 천 원짜리 새 지폐가 몇 장씩 들어 있었다. 엄마가 넣어두신 것이었다. 그 돈으로 나는 매점에서 친구들과 아이스크림도 사 먹고 과자도 사서 나눠 먹었다. 부모님의 사랑과 관심 덕분에 나는 누가 봐도 부잣집 아이처럼 살 수 있었다.

　그렇게 귀한 사랑을 받고 살던 나는 결혼을 하곤 갑자기 신분이 하락하는 반전을 맞게 되었다. 그도 그럴 것이, 언니들이 잘나가는 사업가나 의사와 결혼할 때 나는 평범한 회사원과 결혼했기 때문이다. 형부들과는 격이 다른 뒤웅박의 남편을 만난 것이다.

　결혼 후 연년생 두 아이를 낳고, 남편에게 의지하는 주부의 삶을 사는 동안 나는 어린 시절에 입었던 예쁜 옷들은 꿈도 꾸지 못했다. 남편의 월급은 고스란히 아이들의 먹을거리와 옷을 사고 살림을 하는 데 들어갔다. 나를 위해 쓸 돈은 아예 없었다. 그나마 위안이 되는 것은, 언니들이 백화점에 쇼핑가거나 호텔 수영장에 갈 때 나를 불러주는 것, 그리고 백화점에서 산 고급 옷들이 시들해지면 나에게 물려주는 것, 그 정도가 전부였다.

　다행히 어릴 때부터 우애가 좋았던 터라 언니들의 안 입는 옷을 받아 입는 것에 별달리 자존심이 상하지는 않았다. 어릴 때처럼 그저 내가 예쁘고 좋아서 준다고 생각하니 예쁜 옷을 입는 것만으로도 좋았다. 그렇게 나는 모두가 부러워하던 자타공인 공주의 삶에서 언니들의 옷이나 받아 입는 처량한 반전의 신세가 되어 있었다.

내일의 태양을 쏘아 올려, 역전의 여왕!

"내일은 또 내일의 태양이 뜬다."

내가 좋아하는 여주인공 스칼렛 오하라가 영화 〈바람과 함께 사라지다〉에서 한 마지막 대사이다. 긴 세월을 살아오는 동안 크게 힘들거나 슬프거나 좌절했던 적이 없었다. 다 고만고만하게 견딜 수 있을 만큼, 극복할 수 있을 만큼의 고난이었던 것 같다. 내게 특출난 의지나 능력이 있었다기보단 그저 '내일은 또 내일의 태양이 뜬다'라는 사실을 믿으며, 오늘과 다른 내일, 오늘보다 더 나은 내일을 꿈꿨던 덕분인 듯하다.

그런데 어린 시절 온 가족의 사랑을 한 몸에 받던 막내 공주의 삶에서 결혼 후 갑자기 무수리의 삶이 된 반전을 겪으며, 나는 '뭔가 잘못됐다. 뭔가 이상하다'는 생각이 들었다.

'나는 여전히 나인데, 왜 이렇듯 다른 정반대의 삶이 펼쳐지는 것일까?'

곰곰이 생각해보니 30년 가까운 내 삶 그 어디에도 '나'는 없었다. 그저 부모님이 곱고 예쁘게 가꿔준 무능한 '공주'가 있었고, 남편의 경제력에 의존한 무능한 '무수리'가 있었다. '여자 팔자 뒤웅박 팔자'가 되지 않으려면 무엇보다 타인에게 의존하던 끈부터 끊어내야 했다. 그리고 그 시작은 '경제적 자립'이었다.

이후 나는 나의 재능을 찾고 일을 하면서 경제적 자립을 했고, 꿈과 목표도 세웠다. 그리고 어느 순간부턴 남편보다 더 나은 경제적 성취도 이루어냈고, 마침내 모두가 부러워하는 전문가의 삶을 살게 되었다. 덕분에 내 일에 대한 성취감은 물론이고 가정의 화목, 그리고 내 삶의 진정한 행복감까지 찾게 되었다.

언니들의 싫증 난 옷을 받아 입던 초라한 내가 아니었다. 친구들은 이제야 누군가의 아내, 누군가의 엄마가 아닌 자신만의 삶을 고민하기 시작했고, 이제는 그 누구의 무엇도 아닌 '나'로서의 삶을 당당히 살아가고 있는 나를 부러워한다.

"나 오래전부터 찻집을 하고 싶었는데, 네 생각은 어때? 나 찻집 하면 잘할 거 같아?"

"언니, 너무 좋아요. 언니랑 너무 잘 맞을 것 같아요. 언니는 인맥도 넓으니 찾아주는 손님도 많을 거예요."

"그래? 정말 나 찻집 한번 해볼까?"

그렇게 말한 것이 벌써 몇 년이나 지났는데도 그 언니는 여전히 한 걸음도 나아가지 못하고 있다. 이미 남편의 그늘이 익숙하고 편안해진 그들은 자신의 꿈마저도 남편의 그늘 뒤에 미뤄둔다.

오롯이 남편에 의지한 뒤웅박 팔자가 그나마 편안하고 만족스럽다면 그 또한 그들의 선택이니 존중한다. 더군다나 그 언니들처럼 이미 노년이 된 나이에 이전과는 전혀 다른 새로운 삶에 도전하는 것은 두려움이 클 수밖에 없다. 그 망설임과 두려움도 충분히 이해하고 존중한다. 그런데 젊디젊은 여성들이 남편 탓이나 팔자 탓만 하며 현재에 머물러 있는 모습은 정말 안타깝다 못해 속이 상한다. 더군다나 100세 시대 아닌가. 충분히 현재의 삶을 역전할 기회가 있음에도 두려워서, 귀찮아서 아무것도 하지 않는다면 나이가 들수록 점점 더 쪼그라드는 남편의 그늘에서 함께 쪼그라들 일만 남았다.

아무것도 하지 않으면 공주도 반전하여 무수리가 될 수 있다. 또 어떻게든 노력만 한다면 쪼그라든 무수리 인생도 다시 화려한 여왕의 삶으로 역전할 수 있다. 내 삶을 바꾸는 힘은 이미 내 안에 있다. 남편 탓, 팔자 탓할 시간에 내 안의 에너지를 꺼내어 열심히 성장시키고 멋지게 활용해보자. 분명, 오늘보다 더 나은 내일이 올 것이다.

돈이 없어?
그럼 벌어!

"남편이 돈을 못 버는 건 이혼 사유가 아니다. 그건 아내인 당신이 돈을 벌어야 할 사유이다."

내가 좋아하는 김미경 강사님이 방송에 나와서 이 말을 했을 때 나는 너무 공감하며 연신 물개박수를 쳤다. 그간 친구나 지인 중에 "남편이 돈을 못 벌어와서 너무 짜증이 난다. 이혼까지 생각하고 있다"라며 토로하는 이들이 더러 있었다. 그때마다 나는 "네가 벌면 되지, 그게 뭐가 짜증이 나고 이혼까지 할 일이냐."라며 웃었다.

결혼이 선택이듯, 이혼도 실패가 아닌 행복한 삶을 위한 선택 중 하나이다. 그렇기에 이혼을 부정적으로 생각하진 않는다. 하지만 남편이 돈을 못 벌어서 이혼한다는 것은 너무 이기적인 발상이다. 아내도 얼마든지 돈을 벌 수 있고, 가장이 되어 가족을 부양할 수 있다. 게다가 부부가 함께 맞벌이해서 조금 더 여유롭게 살고 더 많이 저축할 수도 있다. 그러니 그들의 고민이나 고통은 결코 절대적인 것이 아니었다. 생각을 달리하고 방법을 달리하면 충분히 극복하고, 더 나은 미래를 맞을 수 있는 일이었다.

나는 부족한 생활비를 벌어보겠다고, 화장품 가방을 들쳐메고 돈벌이를 시작했다. 이집 저집을 다니며 피부마사지를 해주었고, 힘든 줄도 모르고 열심히 돈을 벌고 실력을 쌓았다. 일을 시작한 지 1년도 채 되지 않아 내 수입은 이미 남편의 월급을 넘어섰다. 게다가 내 수입은 갈수록 늘어났고, 매년 실력과 경력도 쌓여 이제 나의 분야에선 대체 불가능한 최고의 전문가가 되었다. 덕분에 일흔을 바라보는 나이에도 나는 여전히 현장에서 일하고 있고, 나의 일과 연결된 또 다른 꿈도 꾸고 있다.

아직도 맞벌이가 선택이라고 생각해?

결혼 후 온종일 가족들만 바라보고 살던 나는 서른 살이 되던 해에 "돈을 벌어야겠다"라며 사회로 나왔다. 이유는 단 하나였다. 남편이 주는 월급만으로 살기엔 돈이 너무 부족했기 때문이다. 평범한 수준의 월급이었음에도 매번 2주만 지나면 동이 났다. 어린 시절부터 풍족하게 자라서인지 나는 연년생이었던 두 아이를 예쁘게 입혔고, 좋은 식재료의 건강한 음식이 떨어지지 않게끔 냉장고를 가득 채웠다. 또 책이나 장난감도 맘껏 사줬다.

외벌이 가정에서 풍족함은 과소비와도 같다. 덕분에 돈이 턱없이 부족했고, 신용카드도 없던 때라 외상이나 할부로 소비할 수도 없었다. 나의 씀씀이를 줄이든 내가 나가서 돈을 벌든 둘 중 하나를 선택해야 했다. 나는 내 욕망을 줄이거나 억누르고 싶지 않았다. 내 아이들을 조금 더 풍족하고 넉넉하게 키우고 싶은 마음이 대책 없는 욕망이나 욕심이란 생각도 들지 않았다. 그래서 나의 욕망을 줄이고 소비를 제한하는 것이 아닌, 필요한 만큼의 돈을 내가 직접 버는 것을 선택했다.

물론 처음 한두 번은 나도 다른 아내들처럼 남편에게 투정도했다. 생활비가 떨어졌으니 돈을 좀 더 주면 안 되느냐고. 남편은 내 말에 대꾸도 하지 않았다. 빤한 월급의 샐러리맨에게 의미 없는 호소란 걸 알았지만 기분이 나쁘고 자존심이 상하는 것은 어쩔 수 없었다.

"그래? 그럼 내가 벌지 뭐! 네 돈 말고 이제부턴 내 돈 쓴다!"

누구도 알아주지 않는 혼자만의 당찬 각오였으나 내 생각은 분명했다. 쥐꼬리 같은 남편 월급에 기대어 아끼고 모으며 사느니 차라리 내가 버는 게 낫다는 생각이었다. 그리고 무엇보다 잘

할 자신도 있었다. 어린 나이에 결혼하고 두 아이의 엄마로 사느라 아직 나는 내 안에 무슨 능력이 있는지조차 몰랐다. 그게 무엇이든 잘 찾고 다듬어서 세상 밖으로 꺼낸다면 먼저 출발한 다른 이들보다 결코 못 하지는 않으리란 생각도 들었다.

내가 결혼하고 자녀들을 키우던 30~40년 전에 맞벌이는 선택의 영역이었다. 나처럼 남편의 벌이가 성에 차지 않거나 자아실현의 욕구가 아주 강한 경우가 아니라면 대부분 남편이 벌어오는 돈으로 절약하면서 살았다. 그런데 지금은 어떤가. 이제 맞벌이는 선택이 아닌 필수인 시대가 됐다. 2009년에 온라인 취업사이트 잡코리아에서 20~30대 미혼남녀 878명을 대상으로 진행한 설문조사에서 응답자의 86.7%가 '맞벌이를 선호한다'라고 대답했다. 2014년에 취업포털 사람인이 미혼 직장인 1,362명을 대상으로 진행한 설문조사에서는 응답자의 89.5%가 '결혼 후에도 맞벌이를 할 것'이라고 답했다. 맞벌이의 이유로 '경제적으로 안정되기 위해서'라는 대답이 가장 많았다.

아끼고 모으며 허리띠를 죄던 시대는 끝났다. 소문난 맛집도 가고, 취미 생활도 하고 해외여행도 하면서 삶의 질을 채우는 것도 중요해졌다. 좀 더 풍족하고 여유로운 삶을 위해 돈이 필요하면 여자도 얼마든지 나가서 벌면 된다. 이런 이유로, 더는 직장인을 대상으로 맞벌이를 할 것인지를 묻는 것은 의미가 없어졌다. 조사 결과처럼, 10여 년 전에도 남녀 모두 열에 아홉은 맞벌이를 할 것이라고 대답했다. 부동산을 비롯한 거침없는 물가상승으로 살기가 더욱 팍팍해진 지금은 더했으면 더했지 결코 덜할 수 없는 상황이다.

임신과 출산, 그리고 신생아의 모유수유 등으로 엄마가 꼭 필요한 경우가 아니라면 살림과 육아도 아내만의 과제는 아니다. 경제활동도, 가사와 육아도 부부가 함께 공동으로 노력할 일이지 어느 한쪽이 온전히 책임지며 힘겨워할 일은 아니라는 것이다. 다행히 요즘은 남편과 아내, 남성과 여성이 아닌 한 인간의 고유 능력과 삶을 존중하는 분위기가 강하다. 그럼에도 사회에서든 가정에서든 남녀가 온전히 공정해지기 위해서는 더 많은 인식의 변화와 노력이 필요하다.

여성의 사회진출과 경제활동은 비단 결혼 후의 맞벌이만을 위한 것은 아니다. 독신으로 혼자 살더라도 일을 하고 돈을 버는 것은 당연한 일이다. 실제로 요즘은 비혼으로 살며 '나'의 삶에 더 집중하겠다는 사람들도 늘고 있다.

맞벌이든 비혼이든 여성의 삶에서 일은 아주 중요한 부분이 되었다. 특히 100세 시대가 된 요즘은 당장 눈앞의 '돈'이 아닌 커리어와 전문성까지 고려하며 장기적인 그림을 그려야 한다. 그래야 지치지 않고, 포기하지 않고 행복하고 즐겁게 일할 수 있다.

잘난 남편도 좋지만 잘난 나는 더 좋다

내가 결혼하던 40여 년 전만 해도 "당신 손에 물 한 방울 안 묻게 해줄게."라는 말이 최고의 프로포즈 멘트였다. 남편 혼자 경제활동을 하는 외벌이가 당연하던 시절이라 아내는 집안일을 담당해야 했는데, 그마저도 남편의 경제적 능력이 뛰어나면 가사도우미의 도움을 받을 수 있었다. 덕분에 이런 사람들은 시집 잘 갔다며 친구들의 부러움을 샀다.

"나 이혼했어. 이제 나 어떻게 살아?"

20여 년 전의 일이다. 고등학교 때부터 친했던 친구 J가 갑자기 이혼 소식을 전해왔다. 대학 졸업 후에 곧장 맞선을 보고 결혼한 그녀는 명문대를 졸업하고 안정적인 직장을 다니는, 잘생기고 돈 많은 집의 아들과 결혼했다. 좋은 집안에 단아하고 아름다운 외모를 지닌 J와 잘 어울리는 짝이라며 모두가 부러워하고 축복해줬다.

천생 여자인 J는 결혼 후에도 큰 문제 없이 남편과 아이들을 챙기며 평온한 삶을 사는 듯했다. 그런데 언제부턴가 "남편이 회사를 관두고 싶어 한다.", "남편이 사업을 하더니 매일 술에 절어 새벽이 되어서야 귀가한다."라며 삐걱대더니, 결국 이혼 소식을 알려왔다. 알고 보니 남편에게 오랜 내연녀가 있었다는 것이다. 남편에 대한 배신감과 분노보다 더 큰 감정은 자신의 삶을 향한 막막함이었다.

"어떻게 살긴, 이제부터 정신 바짝 차리고 너 자신을 빛내는 삶을 살아야지. 너 똑똑하고 야무지니까 분명 잘할 수 있을 거야."

이미 40대 중반의 나이가 되었으나 그렇다고 너무 늦은 것은 아니었다. 나는 충분히 다시 시작할 수 있다며 그녀에게 계속 용기를 주었다. 음식 솜씨가 좋았던 J는 학원에 다니며 좀 더 체계적으로 요리를 배웠고, 3년 정도 현장 경험을 쌓은 후에 지방의 소도시로 내려가 음식점을 창업했다. 50년 가까이 살았던 서울을 떠나 지방의 소도시로 간 것은 창업자본이 적어서였는데, 자신의 꿈과 목표에 맞춰 삶의 터전까지 과감히 이동하는 J에게 나는 응원과 격려를 아끼지 않았다. 막막함과 두려움도 절박함 앞에선 결국 용기와 열정으로 변한다는 것을 J를 통해 다시금 확인했다.

여성의 결혼을 두고 '취집'이라고 말하던 때가 있었다. 능력 있는 남편을 만나서 호강하고 살든, 고만고만한 능력의 남편을 만나 허리띠 죄며 살든, 어쨌건 남편 그늘 안에서 살 수 있으니 여성의 결혼은 취업과 다를 바 없다는 의미다. 그런데 이 말을 곧이곧대로 믿다가 낭패를 보는 경우도 적지 않았다.

J의 경우에서도 알 수 있듯이, 제아무리 잘난 남자를 만나도

결혼은 결코 영원한 취업이 될 수 없다. 남편의 학력, 직업, 시부모의 경제적 능력 등 내가 직접 이루지 않은 것들은 이혼하는 순간 모두 사라진다. J처럼 20년 가까운 세월을 내 것이 아닌 남의 것에 기대어 산 사람들은 그것이 사라지는 순간, 소위 말하는 멘붕이 온다. 특히 적지 않는 나이에 사회로 나가 직접 돈을 벌어야 한다는 사실은 두렵고 막막할 것이다.

다행히 요즘은 "얌전히 있다가 좋은 남자 만나서 시집이나 잘 가면 된다."고 믿었던 우리 때와 달리 여성들도 어릴 때부터 자신의 재능을 찾고 꿈을 품으며 그것을 이루기 위해 노력한다. 덕분에 남편의 그늘을 바라고 살다가 뒤늦게 생계를 위해 산업전선에 뛰어드는 경우보다 훨씬 더 일찍, 주체적이고 능동적으로 자신의 삶을 설계할 수 있다.

잘난 남편도 좋지만 잘난 나는 더 좋다. 조건 좋은 남자를 찾을 시간에 내 조건을 더 빛내고, 남편의 성공을 응원할 힘으로 내 성공에 더 정성을 들이자. 조건 좋은 남자, 능력 있는 남편보다 내가 능력을 갖추고 좋은 조건을 만드는 것이 더 중요하다. 스스로 빛을 내는 힘을 가져야 그 어떤 상황에서도 내 삶에 당당할 수 있다.

세상은 넓고
할 일은 많다

"무슨 일을 해야 할지 모르겠어요. 이것저것 하고 싶은 일은 많은데, 내가 잘할 수 있을지 자신도 없고….”

고객 중에 서른이 다 되도록 직업을 정하지 못하고 아르바이트만 전전하는 분이 있었다. 제법 괜찮은 대학을 졸업했지만 길을 찾지 못해 다시 대학원에 진학했다고 했다. 대학원을 졸업하면 길이 보일 줄 알았는데, 여전히 길이 보이지 않아 막막하기만 하다며 토로했다.

"뭐든 도전해봐야죠. 멀리서 바라만 보면 그 길이 내 길인지 아닌지 어떻게 알아요? 일단 도전하고 직접 걸어 가봐야 내가 찾던 길인지 아닌지 알죠.”

강한 확신을 갖고 도전하면 더없이 좋겠지만, 작은 끌림이 있다면 일단 도전부터 해볼 일이다. 도전한다고 해서 다 이루는 것도 아니고, 내가 바라던 길이란 보장도 없다. 그러나 도전하지 않는 것보단 훨씬 낫다. 도전하지 않으면 아무것도 알 수 없지만 도전하면 최소한 그 일이 나와 맞는지 맞지 않는지 정도는 알 수 있다.

학창시절에 나는 되고 싶은 것도 많았고 하고 싶은 것도 많았다. 미술에 재능이 많아서 순수미술도 하고 싶었고, 디자인도 하고 싶었다. 패션에 관심이 컸기에 패션디자이너도 되고 싶었다. 어디 그뿐인가. 감성이 풍부해서 탤런트도 되고 싶고 성우도 되고 싶었다. 막연한 바람이긴 했으나, 그게 뭐든 하면 잘할 거란 자신도 있었다. 그러나 나는 그중 무엇도 되지 못했다. 그 어떤 것도 도전해보지 못한 채 그저 막연한 바람으로만 그쳤던 탓이다.

도전해야 내 안의 능력을 만날 수 있다

그 어떤 것도 도전해보지 못한 채 어영부영 시간만 보내다 나는 스물셋의 어린 나이에 결혼하여 주부가 되고 엄마가 되었다. 워낙 집안일 하는 것을 좋아하기에 그것이 내 자리인 줄 알았다.

그런데 부족한 생활비를 벌어보겠다며 사회로 첫걸음을 내딛는 도전을 통해 나는 이전까지 알지 못했던 세상과 만났고, 내 안의 또 다른 능력을 발견했다.

"그래! 그 돈 이제 내가 벌어주겠어!"

나 자신에게 당당히 선언하며, 홀로 거울 앞에 섰다. 나는 여전히 젊고 예뻤다. 내친김에 멋진 정장과 뾰족구두를 신고 핸드백까지 어깨에 멨다. 누가 봐도 최고로 멋진 커리어우먼이 거울 속에서 환하게 웃고 있었다.

배워놓은 기술도 없고, 이렇다 할 사회경험도 없었지만 크게 걱정하지 않았다. 나는 이제 겨우 서른 살이니, 지금부터라도 성실히 배우고 차곡차곡 쌓아가면 된다. 게다가 아이들도 유치원과 학원에서 지내는 시간이 있으니 부지런히 움직인다면 얼마든지 집안일과 직장 일을 병행할 수 있었다.

"그런데 무슨 일을 하지? 내가 잘할 수 있고 즐겁게 할 수 있는 일이 뭐가 있을까?"

요즘엔 인터넷 검색을 통해 직업의 종류도 알아보고, 그 일을 하려면 어떻게 해야 하는지 정보도 구할 수 있다. 하지만 당시엔 신문이나 텔레비전, 그리고 주위 지인들에게 묻는 것이 전부였다. 집에 쌓여있던 신문을 뒤적이다 문득 전화번호부가 떠올랐다. 그 시절엔 집집마다 백과사전 크기의 두꺼운 전화번호부가 있었는데, 그 안엔 온갖 업종이 다 들어있었다.

"그래, 분명히 이 안에 답이 있을 거야."

나는 전화번호부를 한 장 한 장 넘기며 마치 보물을 찾듯이 나와 잘 맞을 것 같은 직업을 찾기 시작했다. 세상은 넓고 할 일은 많기에 그중엔 분명 나와 꼭 맞는 일이 있으리라 믿었다. 나는 관심이 가는 일, 잘할 자신이 있는 일, 좋아하는 일, 즐겁게 할 수 있는 일, 오래 할 수 있는 일, 실력과 경력이 쌓일수록 인정받는 일이 무엇일지 생각하며 꼼꼼히 살폈다. 그러던 중에 눈에 들어온 것이 다름 아닌 '피부관리'였다.

"그래, 이거야! 이거면 나도 자신 있어!"

고등학교 때부터 나는 피부마사지를 받았다. 화장품 방문판매 아주머니가 엄마께 화장품을 팔기 위해 오셔서 서비스로 피부마사지를 해줄 때 나도 슬쩍 옆에 누워서 관리를 받은 것이다. 한창 외모에 관심이 많은 나이기도 했지만 나는 따뜻한 수건이 얼굴을 감싸고, 보들보들한 손가락이 얼굴 여기저기를 오가며 마사지하는 그 느낌이 너무 좋았다. 마사지를 받을 때마다 아주머니가 하시는 것을 잘 기억해두었다가 주말에 엄마와 언니들을 나란히 눕혀놓고 그대로 흉내 내기도 했다. 얼추 비슷하게 했던지 다들 잘한다며 칭찬해줬고, 그때마다 괜히 어깨가 으쓱해졌다.

물론 결혼하기 전까진 미용 쪽의 일을 하고 싶단 생각을 해본

적은 없었다. 패션디자이너, 탤런트, 성우, 화가 등 화려하고 멋진 직업만 동경했지, 내가 정말 잘할 수 있는 일이 무엇인지에 대한 진지한 고민은 없었다.

전화번호부를 펼쳐놓고 며칠을 고민해보아도 '피부관리'만큼 나와 잘 맞는 일은 없었다. 게다가 피부관리는 실력이 쌓이면 직접 창업하여 원장도 할 수 있고 전문가로 인정받을 수도 있었다. 직업적인 비전도 좋았기에 망설일 이유가 없었다. 엄마나 남편에게 말해보았자 반대할 것이 뻔했기에 나는 셋째 언니에게만 내 계획을 털어놓았다.

"너 그거 하면 정말 잘할 것 같아. 그거 꼭 해. 학원비는 내가 빌려줄 테니 걱정하지 마."

셋째 언니의 적극적인 응원과 지원으로 나는 다음날 곧바로 학원에 등록했다. 집에서 40분 거리인 압구정에 유명한 피부미용학원이 있었다.

학원으로 향하던 첫날에 나는 한껏 모양을 냈다. 보라색 재킷에 보라색 땡땡이 스카프로 리본을 메고 제일 좋은 구두를 꺼내 신고 집을 나섰다. 학원으로 향하는 버스 안에서 나도 모르게 눈물이 주르륵 흘렀다. 나도 이제 무언가를 한다는 생각에 너무 기쁘기도 하고, 혼자만의 자유로운 외출이 신나기도 했다. 오전 3시간의 수업을 마치고 집으로 돌아오는 길은 마치 박사 코스를 밟는 것처럼 스스로가 대견하고 감격스러웠다.

주위에 보면 나이가 많아서 무언가를 하기엔 너무 늦었다, 배워둔 기술이 없다, 확신이 없다 등 다양한 이유로 도전을 꺼리는 이들이 있다. 심지어 도전만 하면 뭐든 성취할 수 있을 것 같은 젊디젊은 나이에 용돈벌이식의 아르바이트만 하며 시간을 허비하는 이도 있다. 노동은 숭고한 것이기에 아르바이트라고 하여 하찮게 여기는 것은 아니다. 하지만 미래에 대한 큰 그림이나 계획 없이 단순히 용돈을 벌기 위해 손쉬운 아르바이트만 하는 것은 안타깝다. 한 달 용돈을 벌었을지 모르나 한 달 만큼의 기회와 희망을 허비한 것이다.

시도하고 도전하지 않는다면 내 안에 무엇이 있는지 아무도 알 수 없다. 남은 인생을 자신 있고 당당하게 꾸려가려면 어떤 일을 하며 커리어를 쌓아갈 것인지에 대한 진지한 고민이 필요하다. 그리고 내 마음을 이끄는 무언가가 있다면 당장 배우고 도전해야 한다. 그래야 내 안의 진짜 능력을 찾아내고, 그것을 성장시키면서 멋진 나를 완성해나갈 수 있다.

나는 행복한
슈퍼우먼입니다

"내가 가사와 육아를 전담하니 당신이 풍족하게 돈을 벌어 와라. 그게 힘들다면 차라리 내가 돈을 벌 테니 당신이 가사와 육아를 책임져라."

경제활동은 남편이, 집안일과 육아는 아내가 전담하는 것이 호랑이 담배 피우던 시절의 이야기가 되고, 여성의 사회진출이 점차 늘면서 주위에서 부부간의 다툼이 잦아지는 모습을 종종 보게 된다. 아내는 "나도 돈을 버는데 왜 집안일과 육아는 여전히 내 차지지?"라는 억울함의 호소로, 남편은 "내 월급이 적으면 적은 대로 맞춰서 살아야지. 자발적 맞벌이이면서 왜 집안일과 육아를 내게 나누라고 하지?"라는 황당함으로 서로를 공격한다.

나 또한 그런 과도기적 시기에 자발적 맞벌이로 사회에 나왔다. 그럼에도 남편에게 집안일이나 육아와 관련한 그 어떤 요구도 하지 않았다. 그럴 이유가 없었다. 나는 직장 일과 집안일, 둘 다를 잘하고 싶었고 그럴 자신도 있었다. 내겐 그것이 삶의 가장 큰 행복이고 즐거움이었다.

물론 힘들었다. 체력이 따라주지 않아 몸이 먼저 지쳤다. 새벽 5시에 일어나 자정이 될 때까지 잠시 쉴 짬도 없이 가족을 챙기고 고객을 챙기니 힘들지 않을 수 있을까. 그럼에도 힘들단 생각보단 감사하다, 다행이다, 행복하다는 생각이 늘 내 마음을 채웠다. 아무것도 할 수 없는 무력한 삶보다 해야 할 것들이 너무 많은, 바쁘고 분주한 삶이 얼마나 감사한지를 알기에, 늘 긍정과 감사로 마음에 기운을 불어넣고 에너지를 끌어올렸다.

장바구니를 든 슈퍼우먼을 꿈꾸다

나는 천생 여자이다. 예쁜 것, 아기자기한 것을 너무 좋아한다. 그리고 살림 솜씨도 똑소리 날 정도로 야무져서, 결혼 후엔 누가 가르쳐주지 않아도 매일 집안을 쓸고 닦고 정돈했다. 가족이 먹을 반찬도 영양은 물론 알록달록하게 색깔까지 맞춰서 만들었다.

부지런하고 손이 빨라서 이른 아침부터 집안일을 시작하면 점심때엔 이미 그날의 집안일이 모두 마무리되어 한참이나 시간이 남았다. 아이들과 그림도 그리고 책도 읽어주며 같이 놀아주다가 목욕을 시키고 저녁을 먹인 후에 다시 책을 읽어줬다. 그렇게 느릿느릿 시간을 보내도 저녁 8시면 할 일이 없어진다. 그럴 때면 어김없이 우울감이 찾아왔다. 오늘 하루도 열심히 부지런히 산 것 같은데, 중요한 뭔가가 빠진 듯한 공허함이 밀려왔다.

허니문 베이비로 첫 아이를 낳고 이듬해에 연년생으로 둘째 아이를 낳았다. 아이들이 유치원에 갈 나이가 되기까지 당연한 듯 내 시간은 없었다. 어쩌다 외출해도 두 아이를 모두 데리고 가고, 집에서도 밖에서도 아이들은 나와 한 몸인 듯이 움직였다. 지금 생각해보니 아무래도 산후우울증에 이어 주부우울증까지 온 듯했다.

집안일과 아이들 돌보기가 마무리되면 저녁에 혼자 베란다로 나가 오가는 사람들을 구경하다가 갑자기 굵은 눈물을 뚝뚝 흘리기 시작한다. 주로 맵시 있는 정장에 앙증맞은 핸드백을 멘 내 또래 여성이 장바구니를 들고 아파트로 들어서는 모습을 볼 때이다.

"이제 퇴근하는구나. 저 여자는 집에 가서 지금부터 바쁘게 가족들을 위해 밥을 하겠지? 너무 부럽다…."

그녀의 뾰족구두가 불편해 보이기는커녕 부럽기만 했다. 한쪽 팔에 늠름하게 매달린 장바구니도 훈장처럼 느껴졌다. 멋진 커리어우먼이었던 엄마의 모습까지 겹치면서 부러움은 점점 더 커졌다.

결혼을 후회하거나 아이들을 낳은 것을 후회한 적은 없었다. 육아와 살림이 힘들다고 생각해본 적도 없었다. 대신 불쑥불쑥, 내 능력이 이것만은 아닐 것이란 생각은 했다. 집안일을 야무지게 잘 해내듯이 나는 사회의 어딘가에서도 똑 부러지게 내 몫을 잘 해낼 수 있을 것만 같았다.

얼마간의 좌충우돌과 탐색의 과정을 거친 후에, 학원에 나가 미용 기술을 배우면서 거짓말처럼 우울증이 사라졌다. 돈을 벌수 있다는 것도 너무나 기뻤고, 내가 집안일 외에 뭔가 또 다른 일을 한다는 것도 신기하고 좋았다. 심지어 나는 학원에 다니던 중에 주변 사람들을 상대로 피부관리를 해줘서 돈까지 벌었는데, 학원에선 수강이 끝나기도 전에 6개월 치 학원비를 다 번 신화를 탄생시켰다.

내 첫 고객은 셋째 언니의 친구였다. 나의 도전을 응원해주고 학원비까지 빌려주었던 셋째 언니가 고객까지 연결해준 것이다. 나는 내 첫 고객을 우리 집 거실 바닥에 눕혀놓고 클렌징, 스킨, 로션, 콜드크림, 크림팩, 영양크림 등 학원에서 산 재료들을 쭉 펼쳐놓곤 최선을 다해 피부마사지를 해주었다. 그리고 화장품과 스킨케어 용품이 가득 든 무거운 가방을 어깨에 들쳐메고 버스를 타고 한 시간 거리를 오가며 출장도 다녔지만 힘들기는커녕 신나기만 했다. 돌아오는 길에 그날 번 돈으로 슈퍼에 들러 고기와 과일도 샀다. 양팔 가득 짐을 들고 또각또각 뾰족구두 소리를 내며 집으로 향하는 길이 얼마나 행복하던지! 마침내 나는 그토록 꿈꾸던, 장바구니를 든 슈퍼우먼이 된 것이다.

한 걸음 한 걸음, 나의 길을 만들다

즐거운 마음으로 최선을 다해 일해서인지 첫 고객은 이후로도 계속 나를 찾아주었고, 주위 친구들까지 소개해주었다. 너무 재밌어서 피곤한지도 몰랐고, 돈이 생기니 아이들도 여유롭게 키울 수 있어서 좋았다.

예쁜 옷을 입고 뾰족구두를 신은 내가 커다란 가방을 메고 거의 매일 출장을 다니자 우리 아파트에도 조금씩 소문이 나기 시작했다. 얼마나 실력이 좋으면 저렇게 매일 출장을 다닐까 싶었는지 마사지를 해달라는 의뢰가 들어왔고, 그들 또한 내 솜씨에 만족했는지 단골이 되어주었다.

그렇게 1년 가까이 아이들이 유치원에 간 시간을 이용해서 출장마사지를 다녔다. 집에 오면 반찬을 만들고 빨래와 청소 등 재빨리 집안일을 했다. 그리고 다시 새벽에 일어나 피부관리 공부도 하고 아이들 책도 읽어주고 아침밥을 했다. 피곤한지도 몰랐다. 더는 베란다에 나가서 청승맞게 눈물 흘리지도 않았다. 하루

하루가 새롭고 신나기만 했다.

그러던 어느 날이다. 아파트 상가에 있는 미용실에서 제의가 왔다. 미용실 안에 작은 피부관리실이 있는데 숍인숍(shop-in-shop)으로 들어와서 월세만 내고 운영하면 어떻겠냐는 것이었다. 너무 반갑고 감사했다. 망설일 이유가 없었다. 이미 시설이 다 갖춰진 피부관리실을 월세만 내고 쓸 수 있다는 것도 좋았고, 출장마사지를 다닐 때보다 전문적으로 보일 수 있어서 좋았다. 그리고 무엇보다 집이 바로 코앞이니 손님이 없으면 언제든 집으로 달려가 아이들을 챙기고 집안일을 할 수 있었기에, 내겐 더없이 좋은 최고의 조건이었다.

셋째 언니와 아이들을 제외하곤 남편이나 양가 부모님 등 가족들은 아무도 몰랐다. 다들 반대할 것이 뻔해서 어느 정도 성공한 후에 말하고 싶었다. 그러다 보니 오후 6시면 무조건 집에 와서 집안일을 했다. 바깥일을 시작했다고 해서 집안일과 육아에 소홀할 수는 없었다. 오히려 바깥일로 아이들과 함께할 시간이 줄어든 만큼 더 많이 신경을 써주려고 노력했다.

매일매일 행복함과 감사함으로 일한 덕분인지 금세 입소문이 나서 손님이 줄을 섰다. 나는 힘든 줄도 모르고 신이 나서 종종걸음으로 집과 숍을 오가며 돈도 벌고 아이들도 챙겼다. 그렇게 2년여를 보내면서 더 큰 꿈도 품게 되었다. 이제 정말 제대로 된

곳에서 나의 능력과 꿈을 펼쳐보고 싶다는 목표가 생긴 것이다. 고민 끝에 개포동에 있는 40평대의 피부관리실을 인수하기로 했다.

그 시절엔 미용 재료를 파는 도매상의 사장이나 영업부장이 피부미용실의 중개업도 했는데, 좋은 매물이 있으면 알려달라 부탁하니 정말 내 맘에 쏙 드는 매장을 소개해주셨다. 나는 그 숍을 보자마자 한눈에 반해버렸다. 강남에서 학군 좋기로 유명한 지역에 있는 그 숍은 동네 미용실 안 피부관리실과는 비교도 안 될 정도의 규모와 시설을 자랑했다. 40평이 넘는 숍 안에는 샤워실은 물론 썬텐실, 비만실, 주방시설까지 다 갖춰져 있었다.

보증금과 월세도 헉 소리가 날 정도로 비쌌고, 권리금도 당시 2,000만 원이나 되었다. 30년여 전이니 요즘 돈으로 환산하면 10배는 족히 넘을 큰돈이었다. 그럼에도 나는 무조건 그 숍을 인수하고 싶었다. 위치와 규모, 시설도 모두 마음에 들었지만, 무엇보다 지하에 대형 슈퍼마켓이 있는 것이 너무나 마음에 들었다. 퇴근길에 장을 볼 수도 있고, 출근하며 장을 봐서 관리실 안쪽 끝에 있는 간이 주방에서 미리 밑반찬을 만들어도 되었다.

큰돈을 대출을 받아야 할 상황이었으나 걱정되거나 망설여지지 않았다. 나는 충분히 잘할 자신이 있었고, 무엇보다 아직 엄마의 손길이 필요한 어린 내 아이들을 위해 반찬 걱정은 하지 않아도 될 듯하여 이보다 더 좋은 곳은 없다는 생각이었다.

집을 담보로 돈을 빌려야 했던 터라 할 수 없이 남편과 양가 부모님께 이실직고했다. 예상대로 응원과 격려보단 걱정과 질책이 더 컸다. 하지만 나는 전혀 개의치 않았다. 그들이 무엇을 걱정하든, 나는 다 잘 해낼 자신이 있었다. 또 그들을 애써 설득하기보단 내가 얼른 결과물을 보여주는 게 더 빠르고 확실하다는 생각도 들었다.

기왕이면, 행복하고 즐겁게 일했으면 해

내 부모님은 자타공인의 신세대셨다. 1950년대에 부부가 나란히 법원으로 출근하는 공무원이셨고, 퇴근 후엔 가사는 물론이고 다섯 자녀의 양육도 나름 합리적으로 나눠서 하셨다. 아버지는 아내의 잘록한 코르셋과 뾰족구두를 존중해주셨고, 휴일엔 늘 아내가 적어준 메모를 들고 가까운 시장에서 장을 봐주셨다. 엄마는 직장에서 인정받는 멋진 신여성이었음에도, 가정에선 늘 가족의 우두머리 자리를 남편에게 기꺼이 양보하며 지혜롭게 뒤로 물러나 계셨다. 서로를 존중하고 사랑하는 두 분의 삶은 훗날 내가 맞벌이를 하러 현관문을 나설 때 가장 큰 힘이 되어주었다.

부모님은 다섯이나 되는 자녀에 대한 사랑도 애틋하셨는데, 특히 막내딸인 내겐 언제든 당신들과 함께 잘 수 있는 특혜까지 주셨다. 부모님의 넘치는 사랑으로도 모자라 나는 오빠와 언니들에게도 늘 예쁨과 사랑을 받았다. 10살 넘게 나이 차가 나는 오빠는 다른 여동생들에겐 엄한 모습을 보이면서도 막내인 내겐 늘 무한한 사랑을 주었다. 어릴 땐 예쁜 옷도 종종 사주고, 내가 어른이 된 후엔 그 어떤 일에도 무조건 내 편을 들어주며 응원하고 격려해주었다. 언니들도 늘 막내인 나를 챙기며 위해주었다.

이렇듯 화목한 가정에서 자란 덕분인지 나 또한 아내가 되고 엄마가 된 후에도 내 가족을 무조건 1순위로 두었다. 맞벌이를 하며 남편 수입의 몇 배를 벌어오면서도 늘 아이들을 챙기고 가족에게 소홀하지 않으려고 노력했다. 멋진 커리어우먼이자, 한 남자의 아내로서 그리고 다섯 아이의 엄마로서 헌신을 아끼지 않으셨던 엄마의 모습이 내게 은연중에 여성상으로 자리 잡은 듯했다. 이유가 무엇이든 나는 엄마의 삶, 아내의 삶, 그리고 사회인으로서의 삶 모두를 중요하게 생각했고, 기왕이면 똑 부러지게 해내고 싶었다. 그게 나의 가장 큰 기쁨이자 행복이기 때문이다.

바깥일과 가정일을 모두 잘하려고 노력한다고 해서 내가 '슈퍼우먼 신드롬'에 빠진 것은 아니다. 직장일과 집안일을 모두 잘해내려는 마음이 지나쳐서 두통, 노이로제, 우울증, 불안감 등의 이상 증세가 나타나는 슈퍼우먼 신드롬과 달리 나는 그것들을 해내면서 기쁘고 행복하고 즐겁다. 게다가 완벽하게 잘해야 한다는 마음도 없다. 그저 내가 할 수 있는 만큼, 하고 싶은 만큼만 한다는 마음으로 한다. 게다가 힘들거나 행복하지 않다면 언제든 슬쩍 힘을 빼면 되었다. 그런 편한 마음으로 지내다 보면 다시 에너지가 채워지니, 그때 또 힘을 내면 된다.

물론 모든 사람이 나처럼 직장 일과 집안일 둘 다를 좋아하고 잘하는 것은 아니다. 그리고 그럴 필요도 없다. 사회에 나가 경제활동을 하는 것이 힘든 사람도 있고, 바깥일은 야무지게 잘하는데 살림에 젬병인 사람도 있다. 또 양쪽 모두 재능은 있어도 체력이 따라주질 않거나, 심지어는 그냥 하기 싫은 사람도 있다. 이러한 차이를 인정하고 존중하기에 모두가 직장 일과 집안일을 잘하는 슈퍼우먼이 되어야 한다고 생각하지는 않는다. 대신, "피할 수 없으면 즐겨라"라는 말처럼, 내가 선택할 수 있는 문제가 아니라면 기왕 하는 것이니 즐겁고 행복하게 했으면 하는 바람은 있다.

사실 현실은 내 상황이나 취향을 고집할 수 없는 경우가 대부분이다. 더군다나 지금은 직장 일과 집안일 중 내가 좋아하는 것, 내가 잘하는 것, 내가 하고 싶은 것만 하고 살 수 있는 세상이 아니다. 맞벌이가 선택이 아닌 필수인 세상에서 결혼한 여성은 누구나 직장 일과 집안일을 병행해야 한다. 다행히 요즘은 배달음식의 문화도 크게 발전했고, 밀키트 제품도 품질이 좋아서 가족들의 식사 문제로 크게 속을 끓이지 않아도 된다. 게다가 육아와 가사도 부부가 합리적으로 분담하는 추세라 여성의 집안일 비중도 줄일 수 있다.

천정부지로 치솟는 집값과 물가, 그리고 자녀 양육비와 교육비 등을 충당하려면 어느 한쪽의 외벌이로는 정말 어렵고 힘들다. 그러니 어차피 해야 하는 일이라면 자발적 슈퍼우먼이 되어 행복하고 즐겁게 일했으면 한다. 잘해야 한다는 생각이나 완벽해야 한다는 생각은 아예 버리고, 그저 마음 가는 대로 힘이 닿는 대로 하면 된다. 그리고 기왕이면 가정이든 사회든 나의 자리에 대한 애정과 욕심을 끌어올려 최선이라는 것을 다해보는 것도 좋다. 그러는 사이에 아이들은 점점 자라고 내 마음도 덩달아 가벼워진다. 또 사회에서의 경력이 쌓이는 만큼 나의 전문성도 깊어져서 언제부턴가 자발적 슈퍼우먼의 진정한 보람과 기쁨도 느낄 수 있다. 그 기간은 의외로 짧다. 그러나 그 열매는 정말 달고 값지다.

'언니'가
'선생님'이 되다

"원장님, 너무 대단하세요. 너무 부러워요!"

나이가 들수록 사람들이 내게 부러움을 표현하는 일들이 잦아졌다. 이름만 대면 알만한 대단한 명성을 얻은 것도 아니고, 강남 한복판에 빌딩을 세울 정도의 큰 부를 축적한 것도 아닌데, 왜 내가 부러운지를 물으면 다들 한결같이 말한다.

"일흔이 다 된 연세에 이런 미모와 이런 몸매, 이런 건강과 열정을 가진 분이 어딨어요? 게다가 남들은 벌써 10년 전에 은퇴해서 막막하고 무료한 시간을 보내는데, 원장님은 아직도 실력을 인정받으며 일하시잖아요. 원장님이 제 롤모델이세요."

"아휴, 아니에요. 나보다 더 열심히 자기관리하고, 열정적으로 일하는 분들도 얼마나 많은데요."

말은 그렇게 하지만 사실 나도 내가 자랑스럽고 대견하다. 꾸준한 관리로 또래보다 10년 이상은 젊어 보이는 외모를 유지하는 것도 대견하지만, 무엇보다 40년 가까이 한 업종에 종사하며 실력을 인정받는 장인이 된 것이 너무나 자랑스럽다.

내가 20대이던 때에 선망의 대상이었던 교사, 대기업직원, 공무원 등 안정적인 직업을 가진 사람들이 모두 60살을 전후로 은퇴를 했다. 그리곤 약속이라도 한 듯이 새로운 일자리를 알아보러 다닌다. 앞으로 살아갈 날이 수십 년이 더 남았는데 벌써 수입이 끊어지고, 할 일이 사라지니 두렵고 막막한 것이다. 게다가 현실은 60살 가까이 된 은퇴자들이 할 수 있는 일자리가 무척 제한적인 데다, 여성의 경우엔 더욱 자리가 부족하다.

100세 시대를 맞으며 다들 노년의 경제활동과 무료한 생활을 걱정할 때, 남들이 흉내 내지 못할 나만의 전문성과 실력을 갖춘 사람들은 100년을 바라본 긴 계획으로 자신의 삶을 나아간다. 특히 은퇴의 시기를 사회적 기준이 아닌 자신의 의지로 결정할 수 있다. 건강과 실력만 유지한다면 70살은 물론이고 80살까지도 충분히 일할 수 있다. 게다가 나이와 경력이 쌓일수록 더 큰 인정을 받으며 자신의 자리를 탄탄하게 만들어갈 수 있다.

내가 왜 그런 일을 해요?

2022년 현재, 우리나라는 명실상부한 선진국이 되었다. 한국 전쟁 후 70년도 채 되지 않는 짧은 시간에 한국은 폐허가 된 땅에 도로를 만들고 공장을 세우며, 마침내 세계 10위권 안에 드는 경제 대국으로 성장했다. 산업은 물론 문화, 경제, 정치 등 그야말로 밑바닥인 환경에서 이제는 세계가 인정하는 K 트렌드의 열풍을 낳으며 대중문화, 뷰티, 스포츠 등 다양한 분야에서 세계를 리드하고 있다.

이러한 극적인 변화의 시간을 지나는 동안 직업에 대한 인식도 크게 달라졌다. 요즘 10대, 20대들 사이에 최고의 인기를 끄는 연예인도 예전엔 '딴따라'라며 낮잡아 부르며 천하게 여겼다. 요리사만 하더라도 예전에는 그저 식당 주방에서 음식을 만드는 사람이라 여겨 아저씨, 아줌마, 김씨, 이씨 등으로 불렀다. 그나마 '주방장'이 예의를 갖춰 부르는 최고의 호칭이었다. 그런데 지금은 어떤가. 연예인은 모두가 부러워하고 인정하는 스타 직종이 되었고, 주방장은 '셰프'라는 멋진 호칭으로 불리며 전문기술직으로 인정받고 있다.

내가 청소년기를 지나던 50년 전만 해도 개인의 다양성을 인정하고 존중하기보단 남들과 비슷한 모양으로 살되, 그들보다 앞서가는 삶을 성공한 삶이라 여겼다. 그래서 조금이라도 그 틀에서 벗어나면 이상한 것, 틀린 것, 열등한 것이라 여겼다. 이런 이유로 나 역시 탤런트, 성우, 디자이너, 화가와 같은 멋진 꿈을 품었으나 엄마께 단 한 번도 내 마음을 털어놓지 못했다. 말해봤자 응원은커녕 꾸중만 들을 것이 뻔했기 때문이다.

피부관리나 헤어디자인과 같은 미용 계통의 일도 시선이 곱지 않은 것은 매한가지였다. 여성의 사회생활이 대중화되지 않았을 때라 기술직이나 서비스직의 여성들을 낮게 보는 경향도 강했다. 심지어 여자들 스스로가 사무직의 여성을 신여성이라며 부러워하는 것과 대조적으로 현장에서 몸을 쓰며 노동으로 돈을 버는 여성들에겐 복이 없다느니, 팔자가 드세다느니 하며 불쌍하게 여기기까지 했다.

나라고 별다르지 않았다. 고등학교 시절에 엄마와 언니의 머리도 곧잘 만져주곤 했는데 그때마다 동네 아주머니들이 내게 미용 쪽으로 소질이 있으니 나중에 미용실을 차려도 잘하겠단 말을 했다. 그럴 때면 버럭 화를 내며 토라지곤 했다.

"내가 왜 그런 일을 해요? 난 편안히 누워서 관리받는 사모님이 될 거예요!"

솜씨가 좋다는 칭찬은 기분이 좋지만, 그것을 내 직업으로 삼으라는 말은 왠지 나를 무시하는 듯한 기분이 든 것이다. 그런데 결혼 후에 내 처지가 달라지고 돈을 벌어야 한다는 생각이 커지니 일순간 직업의 귀천이 사라졌다. 직업에 대한 선입견을 내려놓고 내가 잘할 것 같은 일, 좋아할 것 같은 일을 찾으니 역시나 '피부관리'였다.

직업의 귀천은 사라지고 전문성만 남았다

직업에 귀천이 있고 신분의 높고 낮음이 있던 오랜 계급사회를 지나와서인지 우리 사회에 직업에 관한 선입견은 꽤 오래 유지됐다. 30살의 나이에 피부관리를 배우러 학원에 나가면서도 나는 학원비를 빌려주었던 셋째 언니를 빼곤 양가의 가족 중 그 누구에게도 내 계획을 말할 수 없었다. 피부관리를 받는 사람은 '사모님', 피부관리를 해주는 사람은 직함도 없이 다들 '언니'로 부르며 아랫사람 대하듯이 했기에 차라리 집에서 얌전히 설거지나 하는 게 낫다는 생각이 강했다. 더군다나 헤어나 피부관리 등의 미용은 남의 몸을 만져주며 돈을 버는 일이란 생각에 힘들고 천박한 일이라 여기기까지 했다.

고객에게 피부관리를 해주며 돈을 벌고 칭찬과 인정을 받으면서도 한동안은 가장 가까운 가족에게조차 말할 용기가 나질 않았다. 물론 언제까지 비밀로 할 수 없었고, 그럴 이유도 없었다. 그 일을 하면 할수록 나는 내 선택이 옳음을 확신할 수 있었고, 내 직업의 가치와 비전도 분명하게 그릴 수 있었다.

일을 시작한 지 3년이 지나고, 개포동에 누가 봐도 번듯해 보이는 크고 화려한 샵을 오픈한 후에야 비로소 가족들에게 사실을 알렸다. 예상대로 남편은 물론 엄마께서도 못마땅해했다. 생활비가 조금 부족해도 집에 얌전히 있으면 남에게 허리 숙이며 굽실거릴 일이 뭐가 있느냐는 것이다.

"엄마, 지금이 조선 시대도 아니고 남의 머리 만지고 피부 만진다고 굽실거릴 게 뭐가 있어요? 세상이 바뀌고 있어요. 실력만 뛰어나면 전문가로 인정도 받고 돈도 얼마나 잘 버는데요. 두고 보세요. 난 사람들한테 언니가 아니라 선생님 소리를 듣는, 존경받는 전문가가 될 거예요."

이러한 나의 예측처럼 세상은 빠르게 변화했다. 직업의 귀천이 사라졌을 뿐만 아니라 자신만의 재능과 전문성으로 인정받는 사람이 늘었다. 미용실 이모가 헤어샵 선생님이 되고 식당 주방장이 셰프가 되는 시대가 되었다. 단지 호칭만 달라진 것이 아니라 사람들의 인식도 달라졌다.

어떤 분야이든 이제 실력만 있으면 국내뿐만 아니라 전 세계를 무대로 꿈을 펼치고 명성을 날리며 돈을 벌 수 있는 세상이 되었다. 그러니 직업을 선택하고 꿈과 목표를 정할 때 단기간의 성과나 사회적 시선, 타인의 평가에 연연할 것이 아니라 진정 내가 하고 싶은 일, 잘하는 일을 찾아야 한다. 직장이 아닌 평생 이어질 직업을 설계하고, 나 자신을 최고의 명품으로 만든다는 마음으로 실력과 태도를 갖춰야 한다. 그래야 평생 행복하고 보람되게 일할 수 있으며 끝없이 샘솟는 열정으로 최고의 나를 끌어내고 완성할 수 있다.

PART2
'나'는 세상 최고의 브랜드이다

늘 배움을 갈구하며
다음 계단을 바라보라

매일 반복되는 일을 하면서, 어제와 다르지 않은 오늘을 수 해 혹은 수십 해 지나오다 보면 '나는 과연 기술자인가, 전문가인가?'라는 회의감이 들 때가 있다. 모두가 부러워하는 인기 직종이라고 해서 별다르지 않다. 매일 비슷한 하루가 반복되다 보면 처음에 느꼈던 성취감이나 기쁨, 행복감이 점점 줄어들 가능성이 크다.

나 또한 그랬다. 가족 모두가 반대했지만, 일이 즐겁고 행복하기에 마냥 좋아서 시작했다. 그런데 피부관리실 안에서 하루 10시간 이상 고객에게 관리서비스를 하다 보니 나도 모르게 몸도 마음도 지쳐갔다. 동네 미용실의 작은 숍인숍 매장에서 벗어나서 강남 중심가인 개포동에 40평 규모의 번듯한 피부관리실의 주인이 되었으나, 어쩐 일인지 행복감은 성공과 비례하지 않았다. 오히려 손님이 몰려들면 들수록 즐거움과 행복감이 줄어드는 듯했다. 나 자신도 이해 못 할 아이러니한 상황이 벌어진 것이다.

"내가 바라던 것이 과연 이것인가?"
"나는 도대체 뭘 바라는 거지? 뭘 하고 싶은 거지?"
"이 일이 아닌 다른 일을 하면 행복하고 즐거울까?"

수많은 질문을 내게 던졌으나 이렇다 할 답을 찾지 못했다. 다른 일을 하면 괜찮아질까 생각도 해봤으나 결코 그럴 것 같지 않았다. 몇 번을 되물어도 내 안에선 이 일만큼 나와 잘 맞고 나를 즐겁고 행복하게 하는 일이 없다는 답이 나왔다. 그렇다면 도대체 왜 나는 잘 나아가고 있던 길에 멈춰 서서 불현듯 "이 길이 정말 나의 길이 맞느냐?"고 물음을 던진 것일까? 고심 끝에 나온 답은 '슬럼프'였다.

배움을 갈구하는 태도가 전문가를 만든다

아무리 확신으로 시작한 일이라고 해도 늘 처음처럼 즐겁고 신날 수는 없다. 앞서 말했듯이, 어제와 다르지 않은 오늘이 반복되는 일상을 보내다 보면 행복감이 무뎌지고 성취감도 줄어든다. 그리고 급기야 '이 일이 과연 나의 일인가?'라는 질문과 함께 깊은 슬럼프에 빠져들기도 한다. 내게 재능이 없는 것인지, 내가 노력을 게을리하는 것인지, 일 자체가 나와 맞지 않는 것인지 등을 의심하면서 막막함에 아예 일을 관두고 싶다는 생각까지 든다. 그런데 이 시기를 잘 넘겨야 한다.

감정이 아닌 냉철한 분석을 하다 보면 문제가 분명히 보인다. 이를 바탕으로 해결점을 모색하면 된다. 변화가 필요하다면 두려움 없이 변화하고, 발전이 필요하다면 큰 도약을 준비하며 배움에 임해도 된다. 내가 좋아하는 일이고 잘하는 일이라면 슬럼프 또한 긍정적으로 바라보며 발전을 위한 기회로 활용해야 한다.

"나는 왜 슬럼프에 빠진 것일까?"

일에 대한 갑작스러운 회의감이 결국 슬럼프 때문이란 것을 깨달은 나는 그 이유를 찾기 시작했다. 그 답을 찾는 것은 그리 어렵지 않았다. 나는 스스로 실력의 부족함을 알고 있었으나 일을 하고 돈을 버느라 그것을 채울 생각을 미처 못하고 있었다.

요즘 피부관리실의 주 고객은 20~40대의 젊은 직장인들이다. 열심히 일하고 돈을 버는 만큼 자신을 위한 투자에도 당당하고 적극적이다. 그런데 내가 개포동에서 피부관리실을 하던 1980년대만 해도 피부관리는 나이가 어느 정도 있는 의사 부인이나 교수 부인, 사업가 부인 등 부유층 사람들만 누릴 수 있는 호사였다. 더러는 교사와 같은 전문직종의 고객도 오긴 했으나 주된 고객은 아무래도 부유층의 나이 지긋한 사모님들이었다.

당시 나는 30대의 나이를 지나오고 있었는데, 고객들은 다들 엄마나 큰 언니의 나이쯤 되는 분들이었다. 그래서인지 나를 동생처럼 예뻐하고 좋아해 주었다. 그렇게 몇 년이 지나니 불현듯 고객들에게 사랑받고 귀여움받는 원장이 아닌 존경을 받고 실력을 인정받는 원장이 되고 싶단 생각이 들었다. 친절하고 싹싹한 내 성격을 좋아해 주는 것도 고맙지만 무엇보다 내 실력이 마음에 들어서 나를 찾아줬음 좋겠다는 바람이 생긴 것이다.

이런 바람과는 달리 정작 나는 내 실력이 어느 정도인지, 부족하면 얼마나 부족한 것인지를 알 길이 없었다. 배움이라곤 학원에서의 6개월이 전부이고, 그 외엔 그저 내 경험에 비추어 응용하거나 흉내 낸 것들이었다. 더군다나 당시는 요즘처럼 피부관리실이 많지 않고 대형 프랜차이즈에서 운영하는 관리실도 없다 보니 고객들 또한 정성껏 해주면 그게 최고인 줄 알았다.

"아무리 생각해도 이건 아닌 것 같아!"

갑작스럽게 찾아온 슬럼프의 원인이 부족한 내 실력에 있음을 깨닫게 되자 나는 과감한 결단을 내렸다. 숍을 정리하고 더 큰 곳에서 제대로 배워보자는 결심을 한 것이다. 개포동 숍을 5년간 운영하며 큰돈을 벌지는 못했다. 대신 대출금을 모두 갚았고 아이들에게 먹고 싶은 것, 하고 싶은 것, 가지고 싶은 것을 마음껏 사줬다. 그리고 무엇보다 고객 응대에 대한 자신감이 커졌고, 그 일이 나와 너무나 잘 맞는다는 확신도 얻었으니 그걸로 충분했다.

더 큰 곳에서의 배움을 결심한 후 나는 평소 관심이 갔던 국내 최고의 토탈 뷰티숍들에 모두 전화를 걸어 피부관리실에 직원 모집의 계획이 있는지를 물었다. 그런데 정말 운명처럼 내가 가장 마음에 두었던 압구정의 '세리 미용실'이 때마침 스킨케어를 담당할 실장을 모집하고 있었다. 나는 반드시 그곳에서 배워보고 싶었다. 당시 세리 미용실은 미스코리아 배출 미용실로도 유명했지만, 뷰티 서비스업계의 삼성으로 알려질 만큼 규모와 실력도 탁월했다.

뜻이 있는 길에 길이 있다고, 얼마간의 시간이 지난 후에 나는 그토록 바라던 세리 미용실에 스킨케어 실장으로 입사하게 되었다. 그곳에서의 배움의 경험은 내 마음에 다시 활력을 되찾아주는 신선한 생명수가 되어주었다. 슬럼프를 극복한 것은 물론이고, 다시 나의 제2의 성장기가 시작되었다.

요즘 '메타인지(meta認知, metacognition)'가 학습에 있어 매우 중요한 역량으로 떠오르고 있다. 메타인지는 내가 무엇을 알고 있는지를 알고, 또 내가 무엇을 모르는지도 알아 앞으로 무엇을 더 보완해야 하는지를 주도적으로 계획하고 학습하는 것을 의미한다. 그런데 이런 메타인지는 일을 할 때도 매우 중요하다. 자신의 일에 대해 무엇을 알고 무엇을 모르는지 정확히 알고, 부족함을 채우려는 적극적인 의지와 노력이 결국 기술자를 전문가로 성장시키고 한 분야의 대가로 만들어준다.

　기업 경영의 세계적 권위자인 데이비드 마이스터(David Maister)는 그의 저서 《프로페셔널의 원칙(True Professionalism)》에서 기술자와 전문가의 차이에 대해 말했다. 그는 '전문가'의 반대말은 '비전문가'가 아니라 '기술자'이며, 전문성은 능력이 아니라 태도에 따른다고 주장한다.

　나 역시 그의 말에 동의한다. 전문가로서의 태도가 갖춰져 있지 않으면 아무리 기술에 뛰어나도 그는 뛰어난 기술을 가진 기술자일 뿐 결코 전문가가 아니다. 기술자와 구분되는 전문가로서의 태도는 여러 가지가 있겠지만 나는 무엇보다 부족한 자신을 인정하고 늘 더 높은 단계의 배움을 갈구하는 노력이라 생각한다.

　누가 봐도 우수한 실력을 갖춘 최고의 장인도 더 나은 실력을 갖추기 위해 노력하며 다음 단계의 배움을 향해 나아간다. 지식과 기술은 끊임없이 새로운 것이 탄생하고 발전하는 것이라 능동적이고 적극적으로 배우지 않으면 금세 뒤처진다는 것을 알기 때문이다. 하물며 전문가가 되기를 희망하는 사람이라면 늘 배움을 갈망하며 끝없는 노력으로 실력을 채워 나가야 한다.

절대 쫄지 마라,
당당하면 반은 이기고 들어간다

나는 영화 〈바람과 함께 사라지다〉의 여주인공 스칼렛 오하라만큼이나 배우 비비안 리도 좋아한다. 무명 시절에 비비안 리는 '스칼렛 오하라' 역을 맡을 여배우를 찾는다는 소식에 영국에서 비행기를 타고 할리우드까지 날아와 오디션에 참가했다.

오디션을 마친 후에 비비안 리는 빅터 플레밍 감독으로부터 자신이 영화 주인공의 이미지와 거리가 멀다는 평가를 듣게 되었다. 그녀는 크게 상심했으나 그 마음을 드러내지 않고 오히려 환하게 웃었다. 그리곤 "잘해 보고 싶었는데 아쉽군요. 그러나 실망하지는 않겠어요."라고 당당히 인사하며 뒤돌아섰다. 그때 빅터 플레밍 감독이 비비안 리를 붙잡았다. 조금 전 자신을 향해 환하게 웃던 그 당당한 표정이 스칼렛 오하라와 너무나 닮았다고 느꼈기 때문이다.

당당함은 잘난 체하는 허세나 교만과는 다르다. 당당함은 자신을 향한 확신과 믿음에서 비롯된다. 자신의 실력을 자신하는 데에서 비롯한 당당함일 수도, 혹은 실력이 다소 부족하더라도 노력을 통해 충분히 만회하겠다는 열정에서 비롯한 당당함일 수도 있다. 그래서 당당하면 비비안 리처럼, 눈앞의 결과나 성과에 연연하기보다는 자신을 믿으며 여유롭고 의연하게 행동할 수 있다.

불합격 통보에도 여유 있고 당당한 태도를 보였던 비비안 리의 모습에서 빅터 플레밍 감독은 짧은 면접만으론 결코 평가할 수 없는 더 큰 가능성을 보았을 것이다. 실제로 비비안 리는 스칼렛 역에 캐스팅된 후 원작 소설을 100번도 넘게 읽으며 캐릭터를 이해하고 연구하는 열정을 보였다. 이러한 노력과 열정 끝에 마침내 영화에서 스칼렛을 완벽하게 연기해내며, '비비안 리'가 곧 '스칼렛 오하라'라는 찬사를 받으며 세계적인 배우로 성장해 나갔다.

당당함으로 격을 올려라

직원 채용을 위해 면접을 볼 때면 종종 안타까운 마음이 들곤

한다. 사실 부원장이나 실장급의 경력직이 아닌 신입의 경우 지원자의 실력이나 경력이 모두 도토리 키재기로 고만고만하다. 그런데 본인의 역량에 대한 자신감이 없는 것인지, 아니면 단순히 긴장해서인지는 알 수 없으나 지원자 중엔 눈빛과 표정, 목소리와 말에서 힘이 느껴지지 않는 경우가 있다. 자기 권리만 주장하는 근거 없는 자신감도 문제이지만, 자신감이 부족해서 의기소침한 태도를 보이는 것도 면접에서 마이너스로 작용할 수 있다.

실력이 비슷한 경우에 면접에서 가장 중점을 두는 것은 태도이다. 성실함, 열정, 목표의식 등 우리와 함께하면서 시너지를 낼 수 있을지를 보는 것이다. 그리고 여기에 덧붙여 당당한 태도도 중요하다. 내가 나를 믿지 못하고 자신하지 못하면 상대도 나를 신뢰할 수 없다. 설령 지금 당장은 내세울 만한 이력이 없다고 하더라도 열심히 배우고 익히겠다는 각오가 굳건하다면 자신을 믿고 당당하게 행동해야 한다. 당당한 태도만으로도 50점은 기본으로 확보할 수 있다.

면접 외에도 당당하고 자신감 있는 태도는 타인과의 관계에서 당연히 플러스 요인으로 작용한다. 상대와 협상하거나 설득할 때, 그리고 고객과 상담하거나 응대할 때도 당당한 태도는 나의 실력이나 말에 대한 신뢰감을 높여줄 수 있다.

학원에 다니며 피부관리를 배운지 석 달 정도 지나서부터 나는 출장 피부관리를 다녔다. 애가 둘이나 되는 아줌마인 내가 돈을 벌 수 있다는 것이 너무 신기하고 좋았다. 게다가 감사한 마음으로 정성을 다한 덕분인지 고객의 만족도도 커서 출장의뢰가 점점 많아졌다.

매번 예쁜 정장 차림에 큰 가방을 들고 집을 나서는 나를 보며 이웃 아주머니들이 관심을 보이며 어디에 가는지 물었다. 그때마다 나는 "네, 피부관리 배우러 학원에 가요." 또는 "네, 피부관리 해드리러 청담동으로 출장 가요."라고 당당하게 대답했다. 그때마다 학원에 다닌 지 몇 달 되지도 않은 것 같은데 실력이 얼마나 좋기에 벌써 출장마사지를 다니느냐며 신기해했다.

이런 일이 몇 번 반복되다 보니 동네 아주머니 중엔 우리 집으로 직접 찾아와서 피부관리를 받는 사람도 생겼다. 그리고 또 그들이 고객을 소개해주었다.

"양재동에 내 친구가 사는데 자기 얘기 했더니 마사지 받고 싶다고 하네. 혹시 거기도 가줄 수 있어?"

"갈 수는 있는데, 한 명 보곤 못 가구요. 서너 명은 모아 놓아야 가요."

아직 초보인 나를 찾아주고 불러주는 것만으로도 너무나 감사한 일이었다. 그런데 나는 그 정도에 만족하지 않았다. 이쯤에서 나의 격을 올리는 것이 이후의 발전을 위해 좋을 듯해서 제법 당돌한 시도를 해보았다. 서너 명을 모아서 한 번에 관리하는 게 훨씬 효율적이기에 고객끼리 그룹을 짜서 나를 부르라고 요구한 것이다.

경력으로 따지자면, 나는 햇병아리는커녕 아직 알조차 깨고 나오지 못한 처지였다. 그럼에도 내가 너무나 당당한 태도로 요구하니 고객은 당연히 그래야 하는 줄 알고 다들 흔쾌히 따라주었다. 덕분에 '월요일에는 서초동의 ☆☆아파트에서 3명 관리', '화요일에는 양재동의 ♡♡아파트에서 4명 관리'와 같이, 나름의 스케줄 노트와 고객관리 차트를 만들어서 내가 주도권을 쥐고 시간과 고객을 관리할 수 있게 되었다. 물론 나 스스로 격을 올려둔 만큼 나의 실력도 끌어올려야 했다. 나는 짬이 날 때마다 학원에서 배운 것을 복습하고, 손동작을 수없이 반복하며 아마추어의 티를 벗기 위해 노력했다.

나, 오라는 데 많아요!

"여자의 변신은 무죄!"
"긁지 않은 복권!"
메이크업이나 스타일링, 체중 감량 등으로 이미지 변신에 성공한 여성에게 하는 대표적인 찬사이다. 40년 가까이 고객들께 에스테틱 서비스를 해온 나로서는 더욱 크게 공감하는 말이다.

물론 같은 의미로, 남자의 변신도 당연히 무죄이다.

웹툰을 원작으로 한 드라마 〈여신강림〉이 2021년 2월에 방영된 후 유튜브에는 비슷한 컨셉의 뷰티 콘텐츠가 크게 인기를 끌었다. 변신 전과 후의 확연한 차이를 보여주되, 결국 그 바탕은 '나'인 것을 강조하며 공감을 얻었다. 살을 찢고 뼈를 깎는 고통을 겪어야 하는 성형이 아닌 이상, 나는 여자 혹은 남자의 변신을 응원하고 지지한다. 낡은 홈웨어를 입고 맨발로 선 민낯의 '나'도 높은 구두를 신고 세련된 화장을 하고 멋진 외출복을 입으면 얼마든지 멋진 '나'로 변신할 수 있다는 것을 잘 알기 때문이다.

주부의 삶에서 벗어나 사회인으로서의 길을 성큼성큼 나아가며 나는 이전까지 알지 못했던 너무나 당당하고 멋진 나와 마주했다. 그 과정에서 당당함을 넘어 당돌한 수준의 허세도 부려보았는데, 이 또한 노력을 통해 충분히 실력을 채울 수 있다고 자신했기에 가능한 일이었다.

5년간 운영했던 개포동의 피부관리실을 정리하고 그 시절 최고의 토탈 뷰티숍인 압구정의 '세리 미용실'에 스킨케어 실장으로 지원하면서 나는 황당할 정도로 당돌한 태도를 보였다. 규모도 규모인 데다 미스코리아를 많이 배출하기로 유명했던 곳이라 꼭 그곳에서 일하며 더 많은 것을 배우고 싶었다. 이력서를 제출하고 면접까지 봤는데 아무리 기다려도 합격 통보가 오질 않았다. 애가 탔다. 5년간 해오던 숍을 과감히 접을 수 있었던 것도 세리 미용실에서 일하겠다는 목표가 있었기 때문이다. 게다가 면접에서 세리 미용실의 원장님을 직접 뵈었는데, 첫눈에 반해 버렸다. 너무나 멋지고 당당한 모습에 매료되어 나는 그분을 비즈니스 롤모델로 정했다. 그런 멋진 분과 함께 일하고 배우면 나도 그분처럼 성공할 수 있을 것만 같았다.

하루하루 간절한 마음으로 기도하며 기다렸지만 2주가 지나도록 연락이 오질 않았다. 더는 기다릴 수가 없어서 내가 먼저 전화를 했다. 그리곤 대뜸 원장님을 바꿔 달라고 했다. 그 업계에선 최고의 실력과 명성을 가진 분이라 무턱대고 전화해서 바꿔 달라는 것은 사실 큰 결례였다. 다행히 원장님께서 전화를 받아주셨고, 친절하게 내 이야기를 들어주셨다. 나는 깊은 심호흡을 한 뒤 마지막 승부수를 던졌다.

"원장님, 빨리 결정을 해주셔야 합니다. 사실 저 오라는 데 많습니다. 다른 한 군데서는 빨리 오라고 매일 전화가 와요. 여기서 얼른 결정을 해주셔야 저도 마음을 정할 것 같습니다."

사실 세리 미용실 외엔 갈 곳도 없었다. 거기 밖에 면접을 안 봤으니 오라는 데가 있을 리 만무했다. 이런 내막은 모른 채 원장님은 당당한 내 태도가 마음에 드셨는지, 잠시 후 합격을 통보해주셨다.

간절함이 만들어 낸 허세였지만, 이 또한 내 안의 당당함이 없었다면 불가능한 일이었을 것이다. 나는 합격만 되면 그 누구보다 잘하고 열심히 할 자신이 있었다. 실력이 부족하면 남들보다 몇 배로 노력해서 만회하고 채울 각오도 돼 있었다.

책임질 자신만 있다면 조금 허세를 부리거나 당돌해도 괜찮다. 당당한 태도만으로도 상대의 마음을 절반은 열 수 있다. 일단 그 문을 열고 들어간 후, 끝장나는 노력으로 내 허세를 책임지면 된다.

포기도
선택이다

나는 마음이 끌리는 것엔 추진력이 무척이나 빠른 편이다. 어차피 할 것이니 기왕이면 신속히 추진해보자는 생각에서다. 그리고 아니다 싶은 것에 포기도 빠르다. 어차피 포기할 것이니 빨리 포기하는 것이 더 낫다는 생각에서다. 도전의 결과가 실패일 수도 있고, 포기의 결과가 후회일 수도 있으나 그런 것까진 생각하지 않는다. 결과에 대한 책임도 내 몫이고, 어긋난 결과를 만회할 만한 더한 열정과 노력을 짜내는 것도 내 몫이기 때문이다.

꿈과 목표를 향해 전진하다 보면 때론 포기를 결심해야 하는 순간이 온다. 앞으로 한 걸음 나아가는 듯하나 결국 뒤로 두 걸음 물러나는 것임을 깨닫는 순간, 나는 포기를 결심한다. 더 나아갈수록 전진이 아닌 후퇴의 걸음을 걷게 되니, 성과도 없이 힘과 시간만 낭비하게 된다. 이런 순간에 포기가 곧 '패배'라는 생각에 괜한 미련을 부리다간 남은 에너지마저 동이 나 더 힘들어질 수 있다.

포기는 패배가 아닌 선택이다. 말장난처럼 들릴지도 모르지만, 스스로 결과를 그렇게 만들면 된다. A를 포기한 대신 B에 더 큰 열정을 쏟고 나아간다면 포기는 패배가 아닌 선택이 된다. 물론 이 또한 충분한 고민과 신중한 판단이 전제되어야 한다. 막연히 힘들어서, 내가 바라던 성과가 나오지 않아서 두 손을 든다면 후회가 남는다. 포기를 선택한 대신 새롭게 도전하고 집중할 무언가가 반드시 있어야 한다. 그래야 포기는 패배가 아닌 더 나은 성과를 창출하기 위한 선택이 된다.

내 길이 아니라면 재빨리 돌아서라

사업을 하다 보면 포기의 순간이 종종 온다. 포기의 결과로 돈을 잃기도 하고 신용을 잃기도 하고 직원이나 고객을 잃기도 한다. 사람마다 중요하게 생각하는 것이 다를 수 있지만 나는 돈을 잃는 것엔 크게 연연하지 않는다. 돈은 잃어도 언제든 다시 벌면 되는 것이란 생각에서다. 그래서 선택을 위한 포기의 순간엔 신용과 직원, 그리고 고객을 선택하고 돈을 포기한다.

내 나이 50세 때의 일이다. 꾸준한 성공을 경험하며 사업에 제법 자신감이 생긴 나는 분당 신도시에 새롭게 떠오르는 중심지인 정자역으로 숍을 이전했다. 그리고 기대 이상으로 많은 고객이 찾아오자 서울의 중심가로 들어가 나의 실력을 인정받고 싶다는 야망이 생겼다. 고심 끝에 서울 청담동에 청담점을 새롭게 열었고, 이후 추가 직영점 개설은 물론이고 가맹사업으로 확장할 계획도 세웠다.

직원도 2배로 늘었고, 매출도 2~3배가 되었다. 더불어 내 일도 2배로 늘었다. 피부관리실은 규모가 커지면 대표인 원장은 현장의 업무에서 점점 거리를 두는 것이 일반적이다. 직원끼리 현장의 업무를 모두 책임질 수 있는 시스템을 만들어 놓고 원장은 실무에서 빠지고 경영만 하는 것이다. 그래야 몸이 지치지 않고, 지점을 더 늘리는 등 사업의 규모도 확장해갈 수 있다. 그런데 나는 그들과 달리 일일이 내 손을 거쳐야 마음이 편한 스타일이다. 특히 힘들고 어려운 일, 전문적인 기술을 필요로 하는 관리 서비스는 무조건 원장이 직접 해야 한다는 생각이다.

청담점을 신규 오픈한 후에 나름 선별하여 경력직 직원을 뽑았으나 다들 내 기준에선 기술이나 고객 응대 서비스가 미흡하게 느껴졌다. 부원장과 매니저, 직원들 모두 일대일 방식으로 재

교육에 들어갔으나 어려운 기술을 필요로 하는 관리서비스에선 실력의 진전이 전혀 없었다. 나는 늘 모든 고객의 관리 전·후 사진을 보며 이전 회차보다 더 개선되었는지를 살핀다. 청담점 때도 마찬가지였는데, 내가 만족할 만한 결과물이 아닐 경우 부원장에게 다음 회차에 더 신경 써야 할 부분들을 집어주며 직접 시범도 보여준다. 그런데 부원장이 그 기술을 너무 어려워하고, 고객 또한 원장인 내게 직접 관리를 받고 싶다는 경우가 많았다.

"어렵고 힘든 기술이 필요한 서비스는 모두 내 앞으로 예약을 잡아줘요. 원장한테 직접 관리받고 싶단 고객님들도 모두 요청을 들어주시고요."

어쩔 수 없이 요일을 지정하여 청담점과 분당점 모두를 오가며 직접 고객에게 관리서비스를 해주었다. 그러다 보니 양쪽 모두 내가 직접 관리하는 요일로 점점 더 고객이 몰렸다. 그렇게 2년 넘게 이어가다 보니 나는 몸과 마음이 모두 지쳐가고, 직원들도 실력이 떨어지고 책임감도 줄어들었다. 심지어 청담점의 경우 직원들끼리 크고 작은 마찰도 생겨나서 급기야 "도대체 내가 왜 청담점을 오픈했을까?"라는 회의감까지 밀려왔다.

이런 내 모습을 가장 가까이에서 지켜봐 온 남편은 내게 "당신은 사업가는 안 될 것 같다."라는 말을 했다. 사업가는 장인정신보다는 셈에 더 밝아야 하고, 돈을 벌 수 있는 구조를 만들어야 하는데 나는 일일이 직접 다 하려고 하니 몸도 힘들고 돈도 많이 벌 수 없다는 것이다.

들고 보니 정말 맞는 말이었다. 제아무리 뛰어난 요리 솜씨를 자랑하는 셰프라도 본인이 직접 요리를 하지 않는 한 모든 가맹점이 완벽하게 맛을 구현하기가 어렵다. 그래서 결국 프랜차이즈 사업을 하는 셰프들도 재료나 조리법을 단순화하는 등 요리의 완성도에 대해 적당한 타협점을 찾게 된다.

나 또한 둘 다를 잡을 순 없었다. 피부관리나 수기경락과 같이 기술이 아주 중요한 네츄럴테라피 관리서비스에서 기술적인 완벽함과 돈이라는 사업적인 성과를 모두 얻기란 거의 불가능에 가까운 일이었다. 기술의 타협점을 찾아 사업가의 길을 갈 것인지, 기술의 완벽함을 추구하며 장인의 길을 갈 것인지를 선택해야 했다.

오래 고민할 이유가 없었다. 돈이야 덜 벌어도 되고, 필요하면 더 오래 일해서 부족한 것을 채우면 된다. 그런데 실력이 떨어지면 청담점뿐만 아니라 본점인 분당점까지 함께 몰락하게 된다. 음식 맛이 떨어지고 서비스의 품질이 낮은 음식점의 운명이 뻔한 것처럼 실력과 서비스가 부실한 에스테틱 숍도 몰락을 피할 수 없다.

청담점을 정리하면서 권리금과 인테리어 비용 등 2억 원이라는 큰 손해를 봤다. 대략 10년 전이니 요즘 돈으로 환산하면 더 큰 금액일 것이다. 나는 과감히 돈에 대한 미련을 버렸다. 그러니 마음도 편해지고 분당점에 더욱 집중해야겠다는 새로운 열정도 생겨났다. 또한 오랜 기간 큰 문제 없이 나를 잘 따라와 준 분당점 직원들에 대한 감사의 마음도 더 커졌다.

　도전도 용기가 필요한 일이지만 포기는 그보다 더 큰 용기가 필요하다. 그럼에도, 포기하는 것이 최선의 방책이라는 판단이 서면 과감히 포기해야 한다. 나는 지금도 그때의 선택을 후회하지 않는다. 나만의 전문성으로 승부를 거는 사업에선 돈도 중요하지만, 그보다 더 중요한 것들이 많다. 특히 규모를 확장하는 데는 그만큼의 함정도 따르니 꼼꼼히 살펴야 한다. 그리고 아니라는 판단이 설 때, 실패를 경험하기 이전에 적극적인 포기를 선택하는 것도 나쁘지 않다. 돌아서 나온 그 길의 끝엔 분명 다른 길이 기다리고 있으니 집중하여 전력으로 달린다면 분명 더 나은 선택이 된다. (참고로, 나는 그 일로 성공은 확장이 아닌 성장에 집중해야 한다는 것을 크게 깨달았다.)

나는
가늘고 길게 간다

나이가 들수록 나는 참 행복한 사람이란 생각을 하게 된다. 오랜 친구처럼 연인처럼 늘 나를 1순위로 두며 세심하게 챙겨주고 배려해주는 남편, 묵묵히 자신의 길을 가며 뭐든 야무지게 잘해나가는 아들과 딸, 그런 딸을 끔찍이 사랑해주는 능력 있는 사위, 자식처럼 살뜰하게 나를 챙겨주는 직원들, 오랫동안 함께하는 가족과 같은 단골 고객들과 함께하는 삶이니 이보다 더한 행복이 어디 있겠는가.

큰 기업을 일굴 정도로 사업이 성공하거나 대단한 명성을 얻은 것은 아니지만 쓸 만큼 쓰고도 돈이 모이고, 직원이나 고객 때문에 스트레스를 받는 일도 없다. 그러니 물질적이든 정신적이든 걱정할 일 없다. 또 열심히 일한 덕분에 갖고 싶은 것과 하고 싶은 것도 원 없이 해봤다. 게다가 우리 부부는 노후 준비도 다되어 있고, 나만의 전문기술도 있으니 현업에서 은퇴해도 언제든 이 업과 연결된 새로운 길로 나아갈 수 있다.

큰 성공을 거둔 사람이 들으면 코웃음이 나올지도 모르지만, 내 기준에선 이 정도면 충분히 성공한 삶이고 행복한 삶이다. 긴 인생에 돈 걱정, 자식 걱정, 건강 걱정 없고, 부부 화목하니 더 바랄 게 뭐가 있을까. 소소하고 잔잔한 성공과 행복을 꾸준히 이어갈 수 있다면 그것이 진정 성공한 삶일 테다.

욕심내지 말고, 흔들리지 말고 소신으로 나아가자

한때 나도 돈을 많이 벌고 싶었던 때가 있었다. 빚까지 내어 피부관리실을 창업했으니 기왕이면 업계 최고의 실력으로 명성도 얻고 싶고, 그만큼의 수익도 올려서 남들이 부러워할 만한 부자도 되고 싶었다. 그게 성공이라 믿었다. 그런데 청담점 포기의 경험을 통해 나는 평생을 이어갈 비즈니스 철학을 갖게 되었다. 다름 아닌, '가늘고 길게 간다'라는 철학이다.

청담점 확장은 돈을 더 많이 벌고 싶고 사업을 더 크게 키우고 싶은 욕심에서 비롯된 일이었다. 사업적 야망을 모두 욕심이라 말할 순 없지만, 나의 경우엔 분명 욕심이었다. 나 자신의 성격적인 분석도 없었고, 직원들의 기술과 서비스에 대한 준비도 충분하지 않았다. 그럼에도 남들의 성공과 비교하며 나와는 맞지 않는 것에 욕심을 내니 결국 탈이 난 것이다.

"욕심내지 말고, 흔들리지 말고 내 소신과 철학을 지키자. 내가 좋아하는 일을 즐기면서 가늘고 길게 가자. 그래야 더 오래 일하고 더 즐겁고 행복하게 일할 수 있다."

청담점을 정리하며 결심했다. 누가 뭐래도 나는 나만의 속도로 나아가리라고. 큰 이득이 없어도 좋으니 별다른 문제 없이 무난하게, 소소하지만 꾸준하게 나아가며 작지만 탄탄하게 사업을 꾸려가리라 다짐했다. 누군가 나를 앞질러 가기도 하고, 누군가는 나보다 더 크고 화려한 것을 얻기도 하겠지만 그것은 내 것이 아니고 나와 맞지도 않다. 나는 나만의 속도로 나아가며, 그 안에서 내가 얻을 수 있는 최고의 즐거움과 행복감을 맛보면 된다.

청담점을 정리한 후 나는 내 특유의 빠른 회복력으로 분당점에 더욱 집중했다. 그리고 이때부터 내 삶의 가치는 돈이 아닌 삶의 질을 높이는 것으로 바뀌었다. 자식들이 다 커서 크게 돈 들어갈 일도 없는 데다, 내가 좋아서 하는 일인 만큼 진정한 즐거움과 행복감을 느끼며 오래도록 일하고 싶었다.

욕심을 내려놓고 일을 줄이면서 마음의 여유를 되찾으니 중요한 것에 더욱 집중하게 되었다. 고객에 더욱 집중하게 되고, 직원과의 관계도 더욱 돈독해졌으며, 기술 연구에 더욱 매진하니 내 실력 또한 나날이 좋아졌다. 게다가 나의 재능을 돈과 성공이 아닌 고객의 건강과 아름다움을 되찾는 데에 쓰는 것에 집중하니, 어느새 내 삶 역시 품격 있는 삶이 되었고, 자연스레 고객 만족도도 높아지게 되었다. 그리고 그덕에 분당점의 매출 또한 안정적으로 상승하기 시작했다.

오늘만 살 것처럼 열정적인 하루를 보내는 이도 있겠으나, 나는 내일도 살고 모레도 살 생각으로 나의 열정을 안배하고 스트레스를 관리한다. 일하는 목적이 돈을 버는 것에 있기도 하지만 나는 기왕이면 즐겁고 행복하게 일하고 싶다. 맛있는 음식도 배가 터지도록 먹으면 맛은커녕 고통으로 다가온다. 좋아서 하는 일도 과부하가 걸리면 노동이 되고 고통이 된다. 음식도 적당히 먹을 때 가장 그 맛을 잘 음미할 수 있듯이 일도 즐겁고 행복하게 해야 진정한 품격 있는 삶을 느낄 수 있다.

피할 수 있는 것은 피하라

출근과 동시에 퇴근을 생각하고, 퇴근 후면 내일의 출근이 두려운 하루하루가 40년 가까이 이어진다면 얼마나 끔찍할까? 더군다나 하루 중 가장 활기차고 에너지 넘치는 시간대에 업무는 물론이고 상사와 동료, 고객으로부터의 온갖 스트레스를 견뎌내야 한다면 매 순간이 지옥일 것이다. 즐겁고 행복하지 않는데 성과가 나겠는가? 게다가 돈을 아무리 많이 벌어도, 제아무리 큰 명예와 권력을 얻어도 그에 비례한 엄청난 스트레스에 시달려야 한다면 그 일은 길게 하기가 힘들다.

자영업의 경우엔 매달 나가는 고정비용을 감당해야 하니 매출과 관련한 스트레스도 크고, 직원 관리, 그리고 고객과의 관계에서 오는 스트레스도 있다. 즐겁고 행복하게 일하려면 이러한 스트레스를 최소화해야 한다. 나의 경우엔 직원과의 관계는 이해와 배려로 풀고, 업무와 관련한 부분은 세부적인 매뉴얼을 정해서 함께 따르는 것을 원칙으로 한다. 서로 부딪히고 스트레스를 받을만한 부분을 최소화하고, 최대한 효과적으로 일할 수 있는 규칙을 만들고 따르는 것이다. 이 또한 청담점의 포기를 통해 배운 큰 깨우침 중 하나이다.

자영업, 특히 서비스 업종의 경영자나 직원들이 겪는 스트레스 중 가장 큰 것을 꼽으라면 단연 '고객과의 관계'일 것이다. '고객은 왕'이란 말만 믿고는 무턱대고 왕 노릇을 하며 왕 대접을 받으려는 고객부터, 본인의 시간은 금이고 우리의 시간은 길가의 돌멩이보다 못하게 여기는 노쇼 고객까지 하루에도 몇 번씩 내 안에서 짜증이 끓어오른다. 지금은 그런 고객은 손님으로 모시지 않지만, 불과 10년 전까지만 해도 오는 고객은 마다하지 않았으며 고객이 무례하게 굴어도 이해하고 받아주려 노력했다. 그러다 보니 고객에게서 받는 스트레스가 이만저만이 아니었다. 일 자체는 너무 즐겁고 좋아서 다시 태어나도 이 일을 하고 싶을 정도인데, 고객과의 관계에서 오는 스트레스를 생각하면 아예 일을 관두고 싶은 생각이 들 때도 있었다.

그러던 어느 날, 문득 생각하니 그것은 고객만의 잘못이 아니었다. 돈을 벌기 위해 그런 무례하고 몰상식한 고객을 거부하지 않은 내 잘못도 컸다. 스트레스를 애초에 피할 방법이 있는데 돈을 더 벌 욕심으로 나는 물론이고 직원들까지 그 스트레스를 받도록 내버려 둔 것이다.

그때부터 나는 고객과의 충돌을 최소화할 방안들을 만들어냈다. 예컨대 상습적으로 지각하는 고객, 노쇼 고객 등 불편한 말을 해야 하는 경우엔 미리 문자메시지의 기본 틀을 정해두고 안내 문자를 보냈다. 그러고 나니 매번 고객이 늦을 때마다 화가 나고 부글부글 끓어오르던 것이 어느 정도 진정되었고, 그만큼 스트레스도 줄어들었다. 또 몇 번이나 거듭하여 좋게 말을 해도 통하지 않는 최악의 진상 고객은 에너지를 낭비하지 않고 내 쪽에서 적극 사양하기로 했다.

피할 수 없으면 즐기라고들 하지만, 피할 수 있는 것은 무조건 피해야 한다. 그래야 즐길 수 있다. 고객과의 사이에서 생기는 스트레스는 결국 감정과 배려의 문제라, 상식적인 선에 기준을 두고 아닌 건 아니라고 말한다면 그만큼의 스트레스를 덜어

내고, 즐거움과 보람으로 채울 수 있다.

　많은 사람이 남들보다 더 높은 곳에 오르고 남들보다 더 빨리 도달하려 한다. 그런데 행복은 상대적 기준이 아닌 내가 느끼는 절대적 감정이기에 더 빨리 간다고 더 높이 오른다고 행복감도 함께 커지는 것은 아니다. 그러니 더 많이 가지려 아등바등하며 소중한 오늘을 불행으로 채울 이유가 없다. 돈 욕심, 성공 욕심을 줄이고 눈높이를 조금 낮추면 더 즐겁고 행복하게 일하고, 많은 것에 감사하며 살 수 있다.

배움으로 시작하고
창조로 완성하라

나는 배우는 것을 참 좋아한다. 우연히 들른 점포에서 본받을 만한 서비스나 참고할 만한 아이디어가 있으면 바로 우리 일에 적용한다. 잘나가던 개포동 숍을 접고 압구정 세리 미용실에 취업했을 때도 나는 매일매일의 배움이 새롭고 행복하기만 했다. 게다가 다시 피부관리실을 창업했을 때 적극적으로 활용할 기술이고 서비스 아이디어였기에 매 순간 눈을 반짝이며 배움에 임했다.

세리 미용실에서 4년 동안의 배움의 시간을 가진 후에 나는 다시 창업의 자신감을 얻었다. 큰 회사에서 배울 것은 거의 다 배운 듯했고, 이제 나 스스로의 실력을 쌓는 배움만 남았다는 판단이 섰다. 압구정 최고의 토탈 뷰티숍에서 몇 년간 스킨케어 담당 실장을 했으니 그나마 어딜 내놔도 꿀리지 않을 정도의 기본은 갖춘 셈이었다. 그러나 나는 기본만 갖추자고 이 일을 시작한 게 아니었다. 평생을 이어갈 직업인 만큼 최선을 다한 노력으로 최고의 경지에 오르고 싶었다. 그러려면 끝없는 배움이 필요했다.

분당 신도시에 개인 샵을 창업한 후부턴 일과 관련한 세미나가 열리면 일정이 허락하는 한 무조건 참석했다. 그리고 세미나에 가서도 한순간도 허투루 보내지 않고 교육에 열중하고, 실습으로 보여줄 때 손동작 하나도 놓치지 않도록 세심히 관찰했다. 당시엔 지금처럼 핸드폰으로 촬영하는 기능도 없었기에 무조건 눈으로 보고 머리로 기억해야 했다.

세미나가 끝나면 기억이 사라지기 전에 얼른 노트에 옮겨적었다. 그리고 샵으로 돌아가 곧장 실습하며 항상 내 것으로 만들었다. 그렇게 몇 번 반복하다 보면 그 기술은 기가 막힐 정도로 능숙하게 내 것이 되었다.

나만의 필살기를 개발하라

나의 경험에 비춰보면 배움은 어떤 태도로 임하는가에 따라 그 효과에 큰 차이가 난다. 마지못해 참석해서 시간만 보내는 배움은 배움이라 할 수 없으니 언급할 가치도 없다. 배움에 대한 적극적인 의지가 있다는 전제로 이야기하자면, 단순히 '내가 저

것을 배워야 한다'는 생각보단 '저것을 배워 나는 다시 누군가에게 가르쳐야 한다'는 생각을 하면서 배우면 훨씬 더 그 효과가 커지는 듯하다.

오랜 경력직 직원이 아닌 이상 학원에서의 짧은 배움과 이전 직장에서의 경험이 전부일 터라 우리 직원들은 내가 일일이 다시 가르친다. 그래서 내가 배운 기술은 나 혼자만의 것이 아닌 직원 모두의 것이란 생각으로 배움에 적극적으로 임한다. 그 때문인지 나는 강사가 가르치는 것을 보면 대부분은 그 원리가 눈에 보인다. 이런 경우엔 어떻게, 저런 경우엔 또 어떻게 하는지 예측이 되고, 실제로 현장에서 적용해보면 그게 딱 맞아떨어졌다. 그렇게 원리를 깨우칠 정도의 실력이 쌓이면 이제 거기에 본인만의 기술을 창작해야 한다. 그래야 그 누구도 흉내 낼 수 없는 나만의 기술과 실력을 갖추는 장인의 경지에 오르게 된다.

스킨케어 중심의 뷰티 서비스를 20년 가까이 이어오다가 50살이 되던 해에 나는 작은 얼굴 만들기, 얼굴 비대칭 관리 등의 얼굴 수기경락 관리에 집중하면서 전문 분야를 변경하게 되었다. 스킨케어 서비스가 대중화되면서 우후죽순으로 생겨난 데다 피부과에서도 웬만한 스킨케어 서비스를 해주니 그것만으론 고객을 만족시키기 어려웠다. 스킨케어 서비스를 하되, 특화된 기술이 필요했다. 마침 수기성형 기술을 배울 기회가 있었는데, 공부할수록 신기하고 나와 너무 잘 맞다는 판단이 들었다.

세리 미용실에서 퇴사 후 분당 신도시에 새롭게 피부관리실을 차려 10년을 보내던 때에 새로운 신도시 정자동이 개발되었다. 더욱 편리해진 교통과 더불어 최고급형의 아파트가 들어서자 상류층이 정자동으로 대거 이사하기 시작했다. 나는 그 틈을 놓치지 않고 발 빠르게 정자동으로 숍을 이전했다. 그때가 내 나이 50세였으니, 인생의 가장 황금기가 시작되는 시기였다. 겁도 없고 두려울 것 없던 시절이었다.

정자역 바로 앞 빌딩에 지금의 매장을 오픈하고 밀려드는 고객들로 환호성을 지를 때 아끼던 후배가 나를 찾아왔다. 압구정 세리 미용실의 스킨케어 실장으로 일할 때 선생님으로 있던 후배였다. 후배는 내가 세리 미용실을 퇴사하고 몇 년 뒤에 본인도 개인 숍을 창업했는데 생각만큼 사업이 잘되지 않아 취업과 창업을 반복하고 있었다.

"원장님은 어쩌면 이렇게 사업을 잘해요? 나 원장님 밑에 와서 사업을 제대로 배워보고 싶어요."

두어 번의 사업 실패를 경험했던 후배라 그 말을 무심히 흘려들을 수가 없었다. 고심 끝에 나는 후배에게 직원이 아닌 동업자로 들어오라고 제안했다. 최소한의 지분이라도 회사에 투자하면 그만큼 주인의식도 생기고 책임감도 생길 테니 지분을 넣고 함께 해보자고 했다. 후배는 흔쾌히 그러겠노라 했고, 우리는 함께 일하게 되었다.

후배는 사업 수완이 부족할 뿐이지 무척 착하고 성실했다. 또 나처럼 배움을 무척 좋아했는데, 알고 보니 주말마다 얼굴 수기 경락을 배우는 중이었다. 그리고 우리 숍에서 자신의 고객에게 그것을 적용해 나갔다. 어깨너머로 보니 너무 신기하고 흥미로웠다. 게다가 유심히 살피니 그 원리도 어느 정도는 알 것 같아 후배에게 나도 한번 배워보고 싶다고 했다.

후배와 함께 주말마다 교육을 받으러 갔다. 그렇게 5년여의 교육을 거치면서 우리 숍의 단골들에게 얼굴 수기경락을 소개하고 직접 관리하기도 했다. 이때도 나는 배운 기술에만 의존하지 않고 나만의 기술을 접목해 업그레이드하면서 점점 실력을 쌓아 갔다. 몇 년 후 후배는 창업하여 독립했고, 나는 그 기술을 더욱 발전시킨 나만의 네츄럴테라피로 매장을 성장시켜 나갔다.

여성의 사회진출이 당연한 세상이 되자 피부관리뿐만 아니라 작은 얼굴과 V라인 얼굴, 그리고 얼굴 비대칭을 바로잡고자 하는 욕구도 점점 커졌다. 특히 책상 앞에 앉아서 일하는 화이트칼라 직종의 여성이 늘어나면서, 골반이 틀어지고 체형의 균형이 무너지며 얼굴이 비대칭으로 틀어지는 사람들도 많아졌다. 이런 사회적 변화에 따라 네츄럴테라피 관리서비스를 원하는 고객이 점점 늘게 되었고, 자연스레 매출이 늘면서 나와 우리 매장은 더 큰 성장을 하게 됐다.

장인은 평생 배움으로 자신을 성장시킨다

프랜차이즈 커피숍, 그리고 실력 좋고 명성 있는 바리스타가 직접 커피를 내려주는 커피숍이 있다면 어디를 선택할 것 같은 가? 같은 비용임에도 퀄리티가 다르다면 당연히 후자일 것이다. 나는 그 신념으로 내 브랜드를 발전시켜 나간다. 작은 얼굴, 얼굴 비대칭 관리의 시장이 커진 만큼 프랜차이즈 기업도 늘었다. 프랜차이즈 기업은 규모로 시장을 장악해가지만, 나는 그런 시류에 휘말리지 않고 장인으로서의 자부심과 철학을 지키며 매장을 운영해가고 있다.

프랜차이즈 가맹점이 되면 본사의 홍보 효과를 보기는 하겠으나 똑같은 기술과 서비스를 해야 한다. 그리고 사람마다 몸이 다르기에 똑같은 기술이 들어갈 수도 없을뿐더러 관리서비스를 하다 보면 나만의 아이디어가 떠오르고 기술이 생겨나는데, 그것도 접목할 수 없다. 이런 구조에서는 절대 실력이 발전할 수 없다. 나는 도장을 찍어내듯이 기술과 서비스를 찍어내는 사람이 아닌, 진정한 장인이 되고 싶다.

우후죽순으로 생겨나는 프랜차이즈 기업과 가맹점들 사이에서 외로운 경쟁을 해야 하지만, 그다지 신경 쓰지 않는다. 나는 한 땀 한 땀의 정성을 소중히 여기는 진정한 장인이 되려는 것이지 부자가 되고 큰 성공을 거두려는 게 아니기 때문이다. 프랜차이즈 대기업의 홍보 효과도 볼 수 없고, 규모의 경쟁에서도 밀리겠지만 나는 늘 배우고 발전하는 전문가가 되고 싶고, 마침내 장인의 경지에도 오르고 싶다.

　우리 회사의 상호인 '황금비원'은 아들이 만들어 준 것으로, '황금의 손으로 고객님의 얼굴과 몸을 황금 비율로 만들어주는 곳'이라는 의미를 지녔다. 그 이름에 담긴 뜻처럼 나와 직원들은 자타공인의 '황금의 손'이 되어야 한다. 그러려면 현재의 실력에 자만하거나 안주하지 않고 끝없이 배우고 개발하면서 더 높은 경지의 실력을 쌓아가야 한다. 진정한 장인은 결코 자신의 실력에 만족하거나 자만하지 않는다. 늘 자신의 부족한 점을 알고 배우려 하며, 배움이 모방에 그치지 않도록 거듭된 담금질로 자신만의 것을 창조해낸다.

　언제부턴가 실력에 대한 간절함이 커지니 나도 모르게 기도를 하게 됐다. 돈을 많이 벌게 해달라던가 성공하게 해달라는 기도는 하지 않는다. 대신 내가 죽을 만큼 열심히 배우고 노력할 테니 내게 진정한 장인의 손, 황금의 손을 달라고 기도한다. 돈은 실력이 늘면 저절로 따르는 것인데다가, 필요한 만큼만 벌면 된다. 그런데 한 우물을 파고 수십 년 같은 길을 가고 있지만 실력은 마셔도 마셔도 해소되지 않는 갈증처럼 늘 간절하다. 이 일을 하는 동안 배움은 평생의 과제이며 배움을 통한 내 것의 창조 또한 간절히 추구하고 노력할 부분이다.

나는 전국 어디라도 경락 분야에서 유명한 분이 있으면 찾아가서 직접 관리를 받아본다. 감사하게도 매번 모든 분께 배움을 얻어온다. 나의 일과 직접 관련이 있는 기술도 있고, 조금 차이는 있으나 우리에게 맞게 변형하여 적용할 만한 것도 있다. 원리를 알면 타인의 기술도 금세 이해가 되어 내 것으로 활용할 수 있다. 또 굳이 기술적인 부분이 아니더라도 서비스 태도에서도 배울 만한 점이 있으면 우리에게 적용한다. 심지어 태도가 너무 무뚝뚝하다거나 반말을 한다거나 숍의 정리정돈이 엉망인 것과 같은 부정적인 면조차도, 절대 닮아서는 안 된다며 또 한 번 다짐하게 되는 좋은 기회가 된다.

부원장을 비롯한 직원들도 일부러 시간을 내어 다른 숍에 가서 관리를 받아보곤 한다. 상담 과정에서 다른 회사 상담 스킬의 장단점도 살피고, 직접 얼굴과 몸의 관리를 받으면서 자신의 실력이나 기술과도 비교하며 활용하면 좋을 것들을 배워오기도 한다. 최근에 관리를 받으러 다녀온 부원장 역시 고객의 몸을 관리하는 데에 무척 도움이 된다고 한다.

기술이든 지식이든 내 것이 제일 우수하다고 자부해서는 안 된다. 늘 부족함을 채운다는 마음으로 노력하고 또 노력해야 한다. 타인의 것은 나와 다르니 참고할 만한 가치가 충분하며, 나보다 낫다고 판단되는 것은 무조건 배워야 한다. 그리고 배움의 뒤엔 반드시 내 것으로 만드는 창조의 과정이 따라야 한다. 배우

다 보면 익히게 되고, 나만의 스타일로 완성하면서 온전히 내 것
이 된다.

어머님 나를 낳아주시고,
원장님 나를 빚어주시네

"원장님 정말 짱이세요! 엄마는 나를 낳아주셨고, 원장님은 나를 이렇게 예쁘게 빚어주셨어요!"

감사하게도 관리를 받고 나가는 고객 중엔 내 실력에 너무나 만족하며 양손으로 엄지 척을 해주시는 분들이 많다. 그리고 젊은 여성 고객 중엔 손가락 하트까지 날려 보내며 내게 애정과 감사를 표현하는 분들도 많다. 나는 그분들의 감사에 나의 감사까지 보태어 양팔로 대형 하트를 만들어서 화답해준다.

제품과 서비스를 개발해서 판매하는 모든 창업가가 그러하겠지만, 특히 뷰티 서비스처럼 전문적인 기술을 필요로 하는 일은 고객 만족이 곧 내 기술에 대한 인정으로 와닿는다. 그래서 그 기쁨과 행복감이 더욱 특별하다.

나의 기술이 고객의 만족과 감동으로 이어지기까지는 오랜 노력의 시간이 있었다. 얼굴과 몸을 아름답게 디자인하고 관리하는 일을 하면서, 나는 고객들의 삶을 조금이나마 들여다보려 노력했다. 사람의 생활습관과 삶은 피부, 근육, 골격, 즉 그 뼛속 마디마디에 아로새겨지고는 한다. 그래서 몸의 뼈대를 보면 그 안에 그 사람이 어떤 일을 하고, 또 어떻게 살아오고 생활해왔는지가 고스란히 담겨 있음을 새삼 깨닫게 된다. 그렇기에 단순히 변형된 얼굴과 몸을 바로잡아주는 것에 그치지 않고, 잘못된 생활습관을 올바르게 바꿔줌으로써 겉과 속을 모두 건강한 모습으로 되찾아가도록 이끌어주려 한다. 우리 숍의 고객 대부분이 오랜 단골인 것도 이러한 나의 기술에 대한 이해와 공감이 바탕에 깔려 있기 때문이다.

얼굴과 몸을 보면 생활이 보인다

고객들과 친해지면 숍 밖에서 만나 함께 밥을 먹거나 커피를 마실 때가 종종 있다. 수기성형, 수기경락을 중심으로 한 네츄럴테라피 관리서비스에 집중한 이후 나는 외부에서 고객과 만날 기회가 생기면 그때마다 상대의 자세와 습관을 유심히 살폈다.

사람들이 습관적으로 하는 자세 중에 대표적인 것으로 앉을 때 한쪽 다리를 다른 쪽 다리 위에 올려 꼬는 행동을 들 수 있다. 앉을 때 왼쪽 다리를 위로 꼬는 사람 혹은 오른쪽 다리를 위로 꼬는 사람이 있는데, 이러한 자세의 차이가 체형과 얼굴 모양의 차이로 이어진다는 것을 알게 됐다.

그것을 처음 깨닫던 날에 나는 숍에 와서 직원들을 모두 의자에 앉게 하고 각자 편한 대로 다리를 꼬아보라고 했다. 그리고 뒤로 가서 뒷모습을 관찰했다. 역시 짐작대로 어느 쪽의 다리를 꼬느냐에 따라 등의 틀어진 방향이 다르고, 어깨의 기울어진 방향도 달랐다. 그리고 그것과 연결된 얼굴도 결국엔 비대칭으로 변형되어 있는 것을 확인했다. 직원들은 20대의 젊은 나이임에도 약간의 비대칭이 드러나는데, 세월을 더 산 40대 이상의 나이에는 그 정도가 오죽할까 싶었다.

이렇듯 다리를 꼬는 자세 하나도 골반, 척추, 어깨, 목, 얼굴에까지 연결되고, 그것이 습관이 되면 비대칭으로 굳어진다. 잠을 잘 때 어떤 자세로 자는지, 일하거나 공부할 때 어떤 자세를 취하는지와 같이 일상에서 우리가 습관적으로 하는 모든 행동이 우리의 몸과 얼굴을 변형시키고 있었다. 이런 원리를 깨우치니 사람의 얼굴이나 체형만 봐도 그 사람의 생활습관이 어느 정도는 짐작이 되었다.

이후로 나는 20년 가까운 임상경험과 연구를 통해 꾸준히 네추럴테라피를 심도 있게 공부했다. 이런 깨달음과 지식을 바탕으로 신규고객의 등록을 위한 상담을 할 때, 그리고 기존고객의 관리를 위한 상담을 할 때도 '왜'와 '어떻게'에 관한 이야기를 많이 하며, 개개인의 상황에 맞는 맞춤형 설명을 해준다.

왜 얼굴이 지금처럼 비대칭이 되고 커졌는지, 어깨는 왜 한쪽이 유독 심하게 굽었는지와 같이 근본적인 원인을 먼저 설명한다. 그리고 어떻게 하면 얼굴을 작고 균형 있게 만들 수 있는지, 올곧은 체형을 만들 수 있는지, 구체적인 해결 방법에 관해서도 설명한다.

"고객님 주무실 때 몸을 오른쪽으로 돌려서 베개에 오른쪽 얼굴을 깊게 파묻고 주무시죠?"

"아니, 그걸 어떻게 아세요?"

"얼굴 비대칭의 모양이 딱 그런 모양이에요."

이중 턱인 사람은 잘 때 높은 베개 베고 자는 경우가 많다. 그래서 "목베개를 베고 자라. 잠자는 동안 목을 C자 형태로 만들라"고 조언해준다. 또 앉아서 업무를 보거나 공부를 많이 하는 사람 중에는 척추옆굽음증(척추측만증)이나 목디스크 등의 질병에 시달리는 경우가 많은데, 이 또한 자세가 올바르지 못한 데서 그 원인을 찾을 수 있다. 그래서 늘 의식적으로 자세를 똑바로 하려고 노력해야 한다.

그 외에도 얼굴의 골격은 크지 않은데 살집이 많은 사람은 야식을 즐기는 것이 원인인 경우가 많다. 칼로리를 다 소모하지 못하니 살이 찌기도 하거니와 늦은 밤에 염분을 섭취한 후에 잠을 자면 우리 몸은 염분의 농도를 낮추기 위해 수분을 저장한다. 염분과 수분이 정체되면 얼굴이 많이 붓고, 이런 생활이 습관화되면 부은 것이 아예 살처럼 자리를 잡아버리는 것이다.

상담 단계에서 고객의 얼굴과 체형을 보면서 이런 이야기를 해준 후에 고객이 미리 작성한 설문지와 대조해보면 생활습관이 대부분 일치한다. 내가 자신의 생활습관을 알아맞힐 때마다 고객은 용한 역술인이라도 만난 것처럼 신기해하고 놀란다. 그럴 때면 나는 고객에게 왜 얼굴과 몸이 지금과 같은 비대칭이 됐는지에 대해 최대한 자세히 설명해준다.

상담 후에 우리 숍의 회원이 되어 관리를 받는 것은 차후의 문제이고, 우선은 모든 고객에게 최선을 다한 상담을 해준다. 네추럴테라피를 통해 얼굴과 몸의 좌우 균형을 잡고 얼굴을 작게 만드는 것이 외형으로부터의 접근이라면, 상담 시에 내가 조언하는 생활습관의 교정은 바탕으로부터의 접근이기에 그 힘이 훨씬 더 강하다. 그래서 나는 상담을 마치고 돌아가는 고객에게 상담시에 내가 했던 말만 잘 기억하고 지켜도 점차 건강을 회복하고 아름다운 얼굴과 몸을 되찾을 수 있을 테니 꼭 지켜달라 당부한다.

비대칭은 얼핏 외모의 관리로 보이지만 결국 '건강'이라는 우리 몸의 바탕에 대한 관리이기에 근본적인 원인을 똑바로 알고, 그것부터 고쳐나가야 한다. 그래야 외형의 아름다움뿐만 아니라 내면부터 건강한 몸을 되찾을 수 있다.

아름다움, 결이 아닌 바탕부터 다스리자

"제발 여기서 제 얼굴을 관리해주면 안 될까요? 원장님께 관리를 받고 싶어요."

고객 중엔 참으로 안타까운 경우도 더러 있다. 이미 성형이나 불법 시술로 얼굴 여기저기를 망친 후에 결국 그 부작용에 눈물 흘리며 지푸라기라도 잡는 심정으로 네추럴테라피를 접하는 경우이다. 나는 이런 경우 첫 상담에서 의학적 시술이나 수술로 본래의 상태에서 많이 벗어난 얼굴과 몸은 수기경락으로 디자인하는 데 한계가 있다고 솔직하게 말해드린다. 괜히 돈을 벌 욕심에 헛된 희망을 심어주었다가 고객이 다시 실망하게 되면 그 고통은 말로 표현하기 힘들 정도로 커지기 때문이다.

네추럴테라피를 다른 말로 '수기성형'이라고도 하는데, 이는 본래의 근원적인 아름다움과 건강함을 되찾아준다는 의미가 크다. 잘못된 생활습관으로 몸과 얼굴이 틀어지면 곳곳에 각이 생기는데, 이것을 부드럽게 풀어주고 다시 원래의 모습에 맞춰주면 각이 없어지고 부드러운 인상이 되면서 고급스러운 얼굴형으로 변하게 된다. 각이 지고 비뚤어지기 이전의, 균형이 잡히고 대칭이 잘 맞는 본래의 얼굴 모양으로 돌아가니 예전의 모습을 찾아 점점 더 젊어지고 예뻐지는 것이다.

물론 내가 최선을 다해 얼굴과 몸을 디자인하여 본래의 아름다운 모습을 되찾아주었다고 해도 평소의 잘못된 생활습관을 고치지 않으면 다시 비뚤어지고 각이 생기게 된다. 그래서 전문가를 통한 기술적인 관리 못지않게 일상에서의 습관 관리도 중요하다. 나 또한 매일매일 나를 관리한다. 습관의 교정은 물론이고 씻을 때 샤워기의 수압으로 얼굴과 몸을 균형 있게 디자인하고, 머리를 헹구는 방향까지도 신경을 쓴다. 뭘 그렇게까지 유난을 떠느냐고 할 수도 있겠으나 그런 사소한 습관들 하나하나가 나 자신을 만들어가는 것이기에 신경을 쓰고 정성을 들인 만큼 몸은 정직하게 답해준다. 그래서 아름답고 건강한 얼굴과 몸을 만들려면 일상부터 바로잡아 나가야 한다.

내가 모든 고객에게 공통으로 하는 조언이 있는데, 바로 '물을 많이 마시라'는 것이다. 참고로, 우리 몸은 70%가 수분으로 구성되어 있다. 그래서 물을 잘 마시지 않는 사람은 피부는 물론 뼈의 수분량도 줄어 건조해지면서 쉽게 틀어지므로 본래의 모습에서 벗어나기 쉽다. 그래서 나이가 들어 수분량이 줄어들면 허리가 굽고 다리가 벌어지고 뼈가 쉽게 부러지기도 하는 것이다. 물을 충분히 마셔 수분을 보충해주면 피부는 촉촉해지고 뼈는 잘 틀어지지 않는다. 그렇기에 습관에 의한 비대칭은 어릴 때는 거의 없다. 몸에 수분이 많아서 습관만으론 잘 변형되지 않기 때문이다.

현대인들은 '피곤하다'는 말을 입에 달고 산다. 참고로, '피곤'이라는 말은 '피가 곤죽이 되었다'라는 뜻이다. 물 부족으로 인해 곤죽이 된 피는 물을 많이 마셔 다시 맑게 할 수 있다. 그렇게 피가 돌게 되면 피곤이 사라지게 된다. 물만 많이 마셔도 피곤한 일이 줄어들 수 있다는 것이다.

세계보건기구(WHO) 역시 매일 1.5~2L의 물을 마실 것을 권장한다. 이렇듯 물을 먹는 습관만 바뀌어도 건강한 몸이 되고 뼈도 수분 함량이 늘어나 훨씬 더 부드러워진다.

"물 많이 먹고 왔어요?"

"아뇨. 하루에 겨우 2컵 정도씩 마셨어요. 그것도 힘들더라고요."

"아휴, 잘하셨어요. 오늘부턴 3컵에 도전해봐요. 할 수 있어요. 물을 한 번에 많이 마시려면 힘들어요. 꿀팁 하나 드리자면, 텀블러에 빨대를 꽂아서 수시로 목만 축인다는 생각으로 조금씩 마셔봐요. 그러면 크게 부담스럽지 않으면서도 하루 3컵 정도는 거뜬히 마실 수 있어요. 그렇게 해서 점점 4컵, 5컵으로 늘리면 돼요. 잘 할 수 있어요. 우리 같이 고쳐나가요."

"네, 원장님."

혹시 그렇게까지 했는데도 물이 잘 안 먹히면 물을 한번 바꿔도 보라고 조언한다. 정수기 물은 입자도 굵은 데다 미네랄도 없어서 목 넘김이 좋지 않을 수 있기에 익숙해질 때까지 생수를 마시는 방법도 있다고 설명해준다. 나도 처음엔 이런 이유로 정수기 물을 잘 못 마셨는데, 물을 마시는 것을 습관화하니 이젠 정수기 물도 잘 마시게 되었다. 이런 나의 경험도 들려주며 최대한 고객이 생활습관을 올바르게 바꿀 수 있도록 이끌어 준다. 그리고 다음번에 관리를 받으러 오면 잊지 않고 또 물어본다.

"물 많이 먹었죠?"

"네. 하루 3컵씩 꼭 먹었어요. 이제 4컵으로 늘려보려고요."

"그것 봐요. 딱 보인다니까요. 많이 달라졌어요. 피부도 촉촉하고 뼈도 부드러워져서 관리받으면서 훨씬 편하고, 조금씩 변하는 거 느끼시죠? 정말 잘하고 있어요."

이렇듯 칭찬과 격려를 적절히 활용하면 습관 교정의 속도도 빨라지고 효과도 훨씬 커진다.

네추럴테라피를 통한 수기성형은 외과적인 성형처럼 당장 눈에 띄는 큰 효과를 발휘할 수는 없다. 그러나 바탕부터 다스리면서 본래의 건강한 몸과 아름다운 얼굴을 되찾아가는 것이기에 꾸준한 관리와 습관 교정만 뒷받침된다면 어제보다 더 예쁜 오늘, 오늘보다 더 아름다운 내일의 나를 만날 수 있다.

PART3

프로페셔널의 빛나는 품격

우아하고 고상하게
서비스하라

나는 고객과 상담할 때 늘 몽블랑 볼펜을 사용한다. 그립감도 좋고 잘 써지기도 하지만 무엇보다 우아하고 고급스러운 디자인이 무척 마음에 든다. 굳이 상대가 그것이 몽블랑인지 알아주지 않더라도 나 스스로 만족감이 크니 그것으로 충분하다.

부원장은 우리 매장을 상징하는 노란색 몸통에 인조 다이아몬드가 박힌 볼펜을 전용으로 사용한다. 또 고객에겐 노란색 볼펜에 깃털이 달린 것을 건네준다. 별것 아닌 소품 하나에도 이렇듯 신경을 쓰는 것엔 나름의 이유가 있다. 우리 스스로 품격을 만들고 자신감을 채우기 위해서다. 어디서든 쉽게 볼 수 있는 흔하디흔한 볼펜이 아니라 우리만의 특별한 볼펜으로 고급스러움과 자신감을 만들어 보자는 것이다. 더군다나 보석과 같은 단순 사치품이 아닌, 볼펜처럼 비즈니스에 필수품으로 활용되는 아이템은 심리적 만족감을 넘어 일에도 좋은 에너지로 작용할 수 있다.

물론 이런 아이템은 업종에 따라, 또 개인의 취향에 따라 다를 수 있다. 여성 상담원들이 손톱에 예쁘게 네일아트를 하는 것에도 이러한 의도가 담겨 있다. 단순히 자신의 손톱을 치장하는 것을 넘어 비즈니스에도 긍정적인 에너지를 주는 경우가 많기 때문이다. 특히 태블릿 PC에 자료를 띄워 놓고 상담하는 경우엔 예쁘게 장식된 손톱을 따라 고객의 시선이 움직이기에 그 효과는 더욱 크다.

볼펜이든 손톱이든 혹은 자신의 분야에 관련한 지식이든, 나의 품격은 내가 스스로 만들어야 한다. 특히 서비스직의 경우 자칫 친절함과 굽실거림의 경계가 무너지기 쉬운데, 고객과의 관계에서 나는 '을'이 아닌 고객과 동등한 위치의 서비스 제공자임을 잊지 말아야 한다. 물론 우아하고, 고상하고, 당당한 것과 까칠하고, 예의 없고, 거만한 것은 다르단 것도 절대 잊어선 안 된다.

스스로 을이 되지 마라

서비스직 종사자들에 대한 흔한 착각 중 하나가 고객과의 관계에서 당연한 듯 을의 태도를 보여야 한다는 것이다. 그런데 친절한 것과 을이 되어 굽실대고 눈치 보는 것은 다르다. 군이 서비스 업종이 아니더라도, 그 어떤 일을 하더라도 고객에게 친절해야 한다. 그러나 그 어떤 직종도 고객에게 굽실댈 이유는 없다. 당당한 태도를 유지하면서도 얼마든지 친절하게 서비스할 수 있다.

"왜 그렇게 고객 눈치를 봐요? 우리 어깨 쫙 펴고 당당하고 품위 있게 일하자구요."

신입직원의 경우 입사 초기엔 고객을 대할 때 다소 위축된 모습을 보인다. 일이 익숙하지 않아 조심스러운 것까지는 이해하지만 지나치게 눈치를 보며 스스로 을의 태도를 보이는 것은 바람직하지 않다.

고객에게 진심을 담은 최선의 서비스를 하는 것은 좋지만 고객의 눈치를 보며 비굴해질 이유는 없다. 특히 뷰티 서비스와 같은 기술서비스 직종은 돈을 받고 제품을 파는 것처럼 나만의 전문기술을 제공하고, 고객으로부터 그에 상응하는 돈을 받는 것이다. 이는 당당하고 정당한 거래일뿐 어느 한쪽이 일방적으로 은혜를 베푸는 관계가 아니다.

오래전 일이다. 피부관리 서비스를 마치고 나온 직원이 불쾌한 표정으로 투덜거렸다. 무슨 일인가 물었더니 "고객에게 이번 회차 관리를 받았다는 확인용 사인을 해달라고 했더니 계속 통화만 하는 거예요. 볼펜을 계속 들고 있었어요. 보통은 사인 먼저 해주고 통화하는 게 기본 아니에요?"라고 하는 것이다.

"김 선생이 왜 볼펜을 들고 있어요? 사인하시라고 말하고 옆에 내려놓으면 되지."

"아, 그래도 돼요?"

"당연하죠. 우리는 고객에게 피부관리를 서비스하는 사람이지 비서도 아니고 시녀가 아니에요. 그리고 괜히 옆에서 볼펜을 들고 있으면 고객도 불편할 수 있어요. 볼펜을 내려놓고 있으면 고객이 통화를 다 끝내고 사인하든 중간에 사인하든 고객님께서 알아서 하게 하세요."

고객이 원하지도 않는 과잉친절로 서로 마음이 불편할 바엔 차라리 서비스의 선을 분명하게 긋는 것이 낫다. 지금은 그렇게 하는 곳이 많이 없어졌지만, 예전엔 고객이 오면 직원이 슬리퍼를 발밑에 대령해주는 곳도 많았다. 피부관리실의 경우엔 세안하는 고객에게 일일이 수건을 챙겨주고 상체관리를 마친 고객에게 직원이 가운을 건네주거나 직접 입혀주는 일도 많았다. 그게 친절하고 섬세한 서비스라고 생각해서다.

친절하고 섬세한 서비스와 과잉의 서비스는 다르다. 슬리퍼는 고객이 신발장에서 직접 꺼내 신을 수 있게 준비해두고, 수건은 세안실에 차곡차곡 정리해서 넣어두면 고객이 꺼내서 사용하면 된다. 가운도 관리를 마친 고객이 자리에서 일어나면 바로 입을 수 있도록 손이 닿는 곳에 놔두면 된다. 그것을 시스템으로 정착해두면 고객은 더는 직원에게 슬리퍼를 찾고 수건을 찾고 가운을 찾는 일은 없다.

고객이 직접 할 수 있는 일을 괜히 친절 서비스랍시고 직원이 시중들다 보면 고객은 그것을 당연한 권리로 여길 위험도 있다. 게다가 직원 스스로 을이 되는 행동을 하고도 "손님이 너무 한다"며 고객을 탓하는 것도 옳지 않다. 고객과 직원 모두가 즐겁고 행복하게 서비스를 주고받으려면 합리적인 선에서 매뉴얼을 만들고 따라야 한다. 만약 슬리퍼를 발밑에 대령해주고 볼펜들 들고 있어 주길 기대하는 고객이 있다면 그는 그런 서비스를 제공하는 곳으로 가면 된다. 그러니 볼펜을 내려놓았다가 고객이 다신 안 오면 어쩌느냐는 걱정은 전혀 할 필요가 없다.

최고의 고객을 서비스할 땐 나도 최고가 되어야 한다

나는 예쁜 것, 화려한 것, 세련된 것, 우아한 것을 좋아한다. 스무 살이 되면서부터 기다렸다는 듯이 늘 예쁘게 화장을 하고 손톱에 매니큐어도 칠했다. 옷을 너무 좋아해서 부모님이 주신 용돈은 물론이고 책을 사고 밥을 먹는 돈까지 아껴가며 예쁜 옷을 샀다.

결혼 후엔 새 옷을 사는 건 자제했으나 큰돈을 들이지 않는 선에서 나를 꾸미는 것을 즐겼다. 그중 하나가 손톱에 매니큐어를 칠하는 것이었다. 그런데 아이들이 태어나고 육아에 매니큐어가 방해된다는 것을 깨닫고는 그마저도 관뒀다. 매니큐어가 벗겨질까 염려돼 고무장갑을 낀 채 아이를 목욕시키다 아이의 얼굴에 상처를 낼 뻔한 일이 있었기 때문이다.

아이들이 스스로 세수할 수 있게 되자 나는 다시 매니큐어를 칠하기 시작했다. 내가 즐길 수 있는 유일한 사치이자 위안이었다. 그런데 피부관리 일을 시작하면서 매니큐어와 영영 작별하게 됐다. 늘 고객의 얼굴과 몸을 만져야 하기에 손톱을 짧게 자르고 최대한 단정하고 깔끔하게 관리해야 했다. 대신 비록 코 앞일지라도 샵으로 출근할 때는 한껏 멋을 내고 집을 나섰다. 물론 그 정도는 이후 번듯한 단독 매장을 차렸을 때와 비교하면 조족지혈에 불과했다.

일에 자신감이 붙은 나는 33살에 개포동에 있는 40평이 넘는 피부관리실을 인수했다. 권리금이 당시 돈으로 2,000만 원이나 되었으니, 시설과 인테리어가 개포동 최고 수준이었다. 물론 샵에 오는 고객도 동네 미용실의 샵인샵 피부관리실을 찾는 사람들과 확연히 달랐다. 속사정이야 알 수 없으나 최소한 겉으로 보기엔 세련되고 부티 나 보이는 사람들이었다.

나는 고객의 수준에 맞춰 나의 품격도 업그레이드했다. 늘 미스코리아 대회에서나 볼 법한 우아한 올림머리를 하고 몸의 라인이 드러나는 롱드레스를 입었다. 그리고 숍에 있던 선탠실에서 피부도 구릿빛으로 만들었다. 늘 웃는 얼굴로 고객을 대하되 당당함을 잃지 않았다. 피부관리실 원장의 차림새와 태도가 파격적이라고 할 만큼 낯설었던지, 개업하고 한 달여가 지났을 때 이미 동네에 나에 관한 소문이 파다했다. 별난 여자가 왔다고.

　남들이 뭐라고 하든 상관 안 했다. 누가 뭐래도 나는 나 자신이 너무 자랑스럽고 대견했다. 아무것도 없던 밑바닥에서 개포동 최고 규모 숍의 원장이 되었으니 대견하고 자랑스럽지 않겠는가. 더 큰 성공을 이룬 사람의 눈에는 별것 아니게 보일지 모르지만, 나는 남편 월급에 목매던 평범한 가정주부에서 강남의 번듯한 피부관리실 원장이 된 것만으로도 충분히 행복하고 좋았다. 더군다나 나의 실력으로 당당히 버는 돈이니 고객의 눈치나 보면서 비위를 맞출 생각은 전혀 없었다. 일은 행복하고 즐겁게 하는 것이니 고객에게 피해를 주는 게 아니라면 자신의 스타일에 맞는 서비스를 제공하면 된다. 나는 내가 상상하던 피부관리실 원장의 모습과 태도로 나 자신의 품격을 만들어나갔고, 고객들 또한 그런 나의 스타일에 점점 익숙해져 갔다.

　내가 외모에 많은 정성을 들이고 관심을 두는 것은 예쁜 것을 좋아하는 내 성격 때문이기도 하다. 그런데 그보다 더 큰 이유는 고객은 대표인 나의 모습을 보며 우리 숍의 실력을 가늠한다는 데 있다. 우리가 하는 일이 고객을 더 예쁘고 아름답게 하는 것이기에, "지금 당신이 서 있는 이곳은 예뻐지는 곳, 아름다워지는 곳이다"라는 일종의 암시와 같은 효과도 있다. 원장이 피부도 곱고 동안이고 세련되고 감각 있어 보이니 내 얼굴과 몸을 이곳에 맡겨도 되겠다는 믿음이 생겨나게 이끄는 것이다.

최고의 고객을 서비스할 땐 나도 최고가 되어야 한다. 최고의 실력을 갖추는 것은 당연하며 그에 걸맞은 외적인 이미지 또한 갖춰야 한다. 그것은 나 스스로의 품격을 올리는 일이기도 하지만 결국 내가 서비스하는 고객의 품격을 올리는 일이기도 하다.

굿바이,
진상 고객님!

가뜩이나 힘든 상황에 코로나 위기까지 겹치니 상당수의 기업과 자영업자들은 지나가는 사람이라도 붙잡아야 할 정도로 절박한 상황이라며 한탄한다. 그럼에도 불구하고 나는 '우리는 고객을 선택한다'라는 오랜 소신을 고수하고 있다. 말 그대로, 우리에게 맞는 고객을 내가 직접 선택하겠다는 것이다.

물건이나 서비스를 사고팔 때 보통은 거래의 선택권이 고객에게 있는 경우가 대부분이다. 특히 화장품이나 가전제품, 의류와 같은 공산품의 경우는 여러 곳을 다니며 직접 눈으로 보고 만져보면서 판매자의 설명까지 들은 후에 온전히 소비자가 선택할 수 있다. 그런데 피부관리나 수기경락처럼 기술과 서비스가 눈에 보이지 않는 것은 구매 전에 미리 살펴볼 수 없는 만큼 판매자와 소비자 간의 소통이 무척 중요하다. 그리고 이런 소통의 결과에 근거해서 판매자 또한 고객을 선택하고 거절할 수 있다.

우리 숍은 신규 고객이 방문해서 상담할 때 첫 단계로 설문지를 작성하게 한다. 고객의 생활습관과 건강상태를 파악하기 위해서다. 설문지를 바탕으로 고객의 체형과 얼굴형을 살펴본 후, 향후 어떻게 고객의 얼굴과 몸을 디자인해나갈 것인지에 대해 간략하게 설명한다. 이때 우리를 신뢰하고 잘 따라줄 수 있는지, 관리 받을 날짜와 시간을 잘 지킬 수 있는지를 확인한다. 특히 관리 스케줄의 경우 고객에게 최고의 효과를 낼 수 있는 기간을 고려하여 잡는 것이기에, 이를 무시하고 들쑥날쑥하게 관리를 받으면 기대했던 효과를 얻기가 어려워져 고객의 만족감 또한 떨어질 수밖에 없다.

나는 오래전부터 꿋꿋하게 예약제를 고집해 왔다. 온전히 단한 분의 고객만을 위해 그 시간을 활용하기 위해서다. 그래야 최고의 효과를 내고 감동을 드릴 수 있기 때문이다. 이 부분에 대해 이해하고 공감할 때, 진정 우리와 함께할 준비가 된 고객이라고 판단한다.

고객과의 쿨한 이별도 필요하다

　손님을 가려서 받는다니 배부른 소리라고 할 수도 있겠으나 하나를 팔고 열을 손해 보는, 결국 팔지 않는 게 남는 장사인 경우도 있기에 고객을 선택하는 것도 신중해야 한다. 눈에 보이는 손해가 아니더라도 직원의 정신적 에너지를 갉아 먹거나 마음에 상처를 남기는 등 함께함으로써 마이너스가 되는 사람은 애초에 차단해야 한다.

　서비스 업종의 경우 유독 블랙 컨슈머가 많다. 오죽하면 서비스직 종사자들에게 감정노동자라는 말이 붙었을까. 그래서 나는 직원들이 고객에게 스트레스를 받아 기분이 상하고 기운이 빠지는 상황을 만들지 않으려 노력한다. 피부관리나 수기경락처럼 몸을 활용하여 서비스하는 업종은 체력적 소모가 무척 크기에 몸은 힘들어도 마음을 편하게 하여 집중해서 일해야 하기 때문이다. 이것 또한 직원들의 컨디션을 조절하여 고객들에게 좋은 서비스를 제공하려고 하는 나의 노력이다.

　전문기술 분야의 서비스업은 손님이 온다고 해서 모두 받을 수 있는 일이 아니다. 공간과 인력, 그리고 시간이 수용할 수 있는 범위 내에서 손님을 제한하여 받고 최상의 서비스를 제공한다. 더군다나 피부관리나 수기성형과 같이 꾸준한 관리가 필요한 전문기술 분야의 서비스업에서 신규고객의 유치보다 더 중한 것이 단골고객의 확보이다.

대부분의 에스테틱 서비스는 한 번 왔던 고객이 기술과 서비스에 만족하면 재방문하고 다른 고객도 소개하면서 자연스럽게 단골고객으로 전환된다. 그래서 나는 신규고객을 받을 때 나름의 기준을 적용해서 우리와 오랫동안 함께할 수 있는 고객인지를 조심스럽게 판단하고 신중을 기해 선택한다. 예를 들면, 거만하고 무례한 태도의 사람, 뭐든 자신의 기준에서 이해하고 말하는 사람 등 상식이 없고 배려가 없는, 우리와 전혀 맞지 않는 사람은 단호하게 사양한다.

물론 거절할 땐 직접적인 이유보다는 기분이 상하지 않을 만한 이유를 들어 정중하게 거절한다. 상대가 무례하고 상식 없는 태도를 보인다고 해서 나 역시 똑같이 대할 이유는 없지 않은가.

다만, 나름의 기준으로 선별해도 진상 고객을 받는 경우가 더러 있다. 상담할 땐 큰 문제가 없어 보였으나 막상 등록하고 보니 직원에게 함부로 대하거나 다른 고객에게 피해를 주는 등의 행동을 하는 경우이다. 예로 본인의 시간은 금이고, 남의 시간은 돌이라 여기는 이기적인 고객들을 들 수 있는데, 약속한 시간보다 20분 정도 늦게 온 것은 생각하지 않고 본인이 늦은 20분만큼 관리를 더 해달라고 요구하는 식이다. 다음 고객이 예약되어 있다고 해도 막무가내로 구는 경우, 나는 즉시 단호하게 대처한다.

"고객님, 저희는 철저하게 예약제로 운영하고 있습니다. 게다가 황금시간대라 뒷 타임까지 꽉 차 있어요. 그런데 고객님의 추가 관리를 이유로 제가 시간을 임의로 미룬다면, 어떻게 고객님들이 저희를 믿고 숍을 찾아올 수 있겠어요? 고객님의 20분이 소중한 만큼, 전 뒷 손님의 20분도 소중하게 지켜드려야 할 의무가 있습니다."

고객의 시간을 황금처럼 생각하고, 고객과의 약속을 그 무엇보다 중요하게 생각하는 것은 나를 믿고 찾아오는 고객들을 위한 예의다. 그런 원칙과 방침을 무례한 고객을 위해서 억지로 변경할 필요는 없다는 주의다.

시간 약속을 잘 지키지 않는 것 외에도 자기 생각을 막무가내로 우기며 무례하게 행동하고, 심지어 거친 말로 우리를 공격하는 등 수용하기 벅찬 행동을 하는 고객 또한 정중하고 단호하게 재등록 거절의 의사를 전한다.

오래전 일이다. 한 달간의 오랜 크루즈 여행을 다녀온 고객이 여행이 끝난 후 숍에 와서는 다짜고짜 화를 냈다. 관리를 받고 여행을 다녀오니 이전까지 없던 점이 생겼다는 것이다. 짐작건대 오랜 여행에서 자외선 차단이 충분하지 않고 피곤이 누적되어 색소침착이 온 듯했다. 이 부분에 대해 충분히 설명했으나 막무가내였다. 나는 더는 그 고객과 함께할 수 없다는 판단이 섰다.

"고객님 뭔가 큰 오해가 있으신 모양인데, 저는 없던 점을 만드는 재주는 없습니다.”

“뭐라구요?”

“우리 숍의 서비스가 마음에 들지 않으시면 즉시 환불 처리 도
와드리겠습니다.”

“아니 누가 환불해 달래요? 그냥 없던 점이 생겼으니 다음부턴
더 신경 써달라는 거지.”

“네, 괜찮습니다. 더는 불편하신 일이 없도록 즉시 환불해 드
리겠습니다.”

내 사전에 환불은 없다고 할 정도로 평소 고객의 환불 요구가
거의 없다. 멀리 이사를 한다거나 유학을 떠나는 등 피치 못 할
사정이 생겨도 친구나 지인에게 양도하는 방안을 제안해서라도
환불까지 가지 않도록 노력한다. 그런데 단 하나의 예외는 있다.
무례하다 못해 무식한 행동을 하는 경우다. 그런 경우 열 명의
좋은 고객에게 쏟을 좋은 에너지를 한 명의 고객에게 몽땅 빼앗
기기 때문에, 그러한 고객은 이쪽에서 먼저 사절이다.

한 번은 이런 일도 있었다. 신규고객으로 등록한 분이 관리를
받으러 올 때마다 주차가 불편하다며 직원들에게 불만을 표현했
다. 그때마다 나는 상황을 설명하며 이해를 부탁드렸다. 그런데
하루는 “왜 매번 이 빌딩은 주차하기가 힘들어? 주차시설도 조사
안 하고 이런 건물에 숍을 차렸어!”라며 고래고래 소리를 지르고
화를 내는 것이었다. 직원은 물론이고 관리를 받으러 온 다른 고

객들도 놀라서 몸을 움츠렸다.

더는 이 고객을 감당할 수 없겠다는 생각에, "고객님도 앞으로는 주차장 시설을 꼼꼼하게 확인한 후 숍을 결정하시는 게 좋을 것 같습니다."라며 환불해드렸다. 번화가 지하철역 바로 앞의 빌딩이 주차가 힘들다는 것은 누구나 아는 상식이다. 그래서 일부러 대중교통을 이용하거나, 자차를 이용할 땐 서로 이해하고 배려하며 주차장을 이용한다. 이런 기본적인 상식과 배려 없이 본인 위주로 생각하고 판단하며 분노를 표출하는 고객은 우리의 에너지를 소진시키기 때문에 미련 없이 단호한 결정을 내릴 때도 있다.

리더는 이러한 진상고객, 블랙컨슈머로부터 직원을 보호할 의무가 있다. 그리고 나처럼 직접 현장에서 고객을 응대하는 사람은 자신의 감정과 에너지를 보호하기 위해서라도 진상 고객과 쿨하게 이별하는 결단이 필요하다. 이러한 결단이 없으면 좋은 고객에게도 피해가 돌아간다. 당장 눈앞의 돈 때문에 정말 소중한 것을 잃지 말아야 한다. 그러려면 원칙과 그 원칙을 지키려는 단호함이 필요하다.

때로는 스킨십이
최고의 치료제다

기운 쏙 빼놓는 고객과 미련 없이 쿨하게 이별한다고 해서 마음에 들지 않는 고객을 무작정 거부한다는 의미는 아니다. 분명하고 단호한 판단을 내려야 할 일일수록 판단 이전에 더 큰 융통성을 보일 필요가 있다. 더 많이 이해하고 품어보려는 시도와 노력을 해야지만 판단에 후회가 없기 때문이다.

나 또한 일단 고객으로 맞이한 분들인 만큼 웬만한 것들은 최대한 이해하고 공감하려고 하며, 우리와 함께할 수 있도록 최선을 다한다. 하지만 그런 노력에도 불구하고 고객과의 마찰이 계속된다면 그때는 단호하게 대처한다.

신기한 것은 이런 노력의 과정에서 고객도 함께 노력해준다는 점이다. 우리가 그를 이해하고 품으려 노력하는 만큼 상대도 우리의 기대에 맞추려 노력하면서 어느 순간 접점을 찾게 된다. 이런 경험들을 반복하면서, 나는 사람 중에 진짜 나쁜 사람은 그리 많지 않다는 것을 깨닫게 됐다. 다들 자신이 무엇을 잘못하는지 모르거나, 상대가 크게 신경 쓰지 않는 듯하니 알면서도 그런 행동을 반복하는 것이다. 이럴 땐 그냥 말해주면 된다. 당신의 이런 행동 때문에 우리가 많이 불편하고 힘들다고.

대신 전달의 방법만큼은 신중해야 한다. 아무리 100% 사실만을 전한다고 해도 표현을 어떻게 하느냐에 따라 감정이 상할 수 있다. 감정이 상하면 아무리 사실을 인정한다고 해도 자발적인 행동개선까지 이끌 수 없다. 오히려 "그래서 어쩌라고!", "지금 고객을 가르치느냐!"라며 적반하장의 태도로 나와서 모두를 더욱 힘든 상황으로 몰아넣을 수도 있다.

입꼬리를 올리고 웃으면서 말하면 열에 아홉은 통한다

고객에게 불편한 이야기를 해야 할 때는 늘 내가 직접 나선다. 힘들고 어려운 일은 리더인 내가 무조건 앞에 나서서 직원을 보호해야 한다는 생각에서다. 또 직원들이 나보다는 인생의 경험이 많이 부족하니 융통성이나 문제 해결의 순발력도 다소 떨어질 수 있기에 고객을 위해서도 내가 나서는 것이 낫다는 생각이다.

　고객과 이야기할 때는 무조건 입꼬리부터 올린다. 꺼내기 불편한 이야기일수록 반드시 입꼬리를 올리고 말해야 한다. '웃는 얼굴에 침 못 뱉는다'는 옛말처럼 웃으면서 친절하게 이야기하면, 아무리 그 안에 듣기 불편한 메시지가 들어있더라도 정색하고 냉랭하게 말하는 것보단 듣기에 훨씬 낫다. 그래서 나는 직원들에게도 어떤 상황에서든 고객에게 절대 인상 쓰지 말라고 교육한다.

　입꼬리를 올린다는 것은 단지 표정만의 문제는 아니다. 상대의 이야기를 열린 마음으로 들어주겠다는 내 마음의 태도이기도 하다. 무조건 "당신이 잘못했어, 당신이 틀렸어, 당신이 나빠!"가 아니라 '내 생각은 이러한데, 당신이 당신의 입장을 이야기하면 이해하고 공감하려 노력해보겠다'는 의지의 표현이다. 그런데 상대도 이런 내 마음을 안다. 입꼬리부터 올리고 웃으면서 말하면 열에 아홉은 말이 통하고 마음이 통한다.
　물론 입꼬리를 올리고 웃으면서 이야기하는 만큼 그 내용도 최대한 부드러워야 한다. 메시지는 분명하게 전하되, 표현 방식은 최대한 부드럽고 친근해야 한다.

　신규 등록 고객인 P는 세안하러 들어가면 늘 세안실을 물바다로 만들었다. 주변에 물을 튀기며 세안을 하는 데다가 시간도 20분 이상이나 소요됐다. 다른 고객을 위해서라도 이 부분은 개선되어야 하겠기에 얼굴관리를 해주며 P에게 말했다.

"고객님, 오늘 보니 세안을 조금 오래 하시더라구요. 고객님은 피부가 부드럽고 예민해서 클렌징을 너무 과하게 하면 안 돼요. 클렌징 젤로 마사지하는 것은 1분이면 충분해요. 지나친 세안은 오히려 피부가 자극돼서 트러블이 생길 수 있어요. 그리고 물 세안할 때 세게 문지르는 것도 피부에 안 좋아요. 미온수로 살살 문지르면서 닦아내듯이 하는 게 좋아요. 세안하고 스킨 너무 힘차게 두드리는 것도 안 하는 게 좋고요, 스킨 두드리는 사람들이 다들 볼살이 없어요. 그리고 피부가 빨리 처져요."

이처럼 고객에게 도움이 되는 정보를 주면서 행동을 개선하도록 유도한다. 세안할 때 주변에 물을 튀기는 행동은 사실 아무리 웃으면서 말해도 결국 "씻을 때 물 여기저기 안 튀게 조심해주세요."라는 얘기로 들리니 기분이 상할 수밖에 없다. 그러니 피부 미용에 대한 정보를 주듯이 돌려 이야기하면서 행동을 개선할 수 있게 돕는 것이다. 그렇게 조금씩 부드럽게 접근하며 개선을 유도하면 열에 아홉은 다 통한다. 이런 고객의 모습을 보면서 모든 사람은 그 근본이 선하다는 것을 새삼 느끼게 되고, 조금씩이라도 노력해주는 모습이 고맙기까지 하다.

고객들과 더 진하게 스킨십하라

나는 특히 신규 고객들과는 더 많이 이야기를 나누고 감성적인 스킨십을 하려 노력한다. 그렇게 조금씩 가까워지다 보면 고객이 자신의 사적인 이야기도 해주는데, 이때 적극적으로 공감을 표현하면서 감성적인 스킨십을 쌓다 보면 더더욱 나쁜 마음, 나쁜 성격의 사람은 없다는 것을 알게 된다. 그래서 나는 상습적인 노쇼나 막무가내식의 무례한 고객이 아닌 이상은 그 어떠한 고객과도 친해지려고 노력한다.

피부관리실처럼 예약제로 운영되는 영업장에 있어서는 갑자기 당일 예약 시간을 변경하거나 취소하는 고객, 심지어 아무런 양해도 없이 당일에 30분 이상 지각을 하거나 아예 나타나지 않는 노쇼 고객이 가장 최악의 고객이다.

물론 저마다 처한 상황이란 것이 있을 수 있고, 연락조차 못할 만큼 다급한 상황에 놓였을 수도 있으니 처음 한 번은 그냥 이해하고 넘어간다. 그런데 반복해서 이런 일이 벌어지면 그때는 불편한 마음을 기분 나쁘지 않게 표현한다.

"지난번에 보내드린 안내 문자 보셨어요? 15분 이상 지나면 예약이 자동으로 취소가 돼요."

원칙대로 말하고 싶지만 어떻게 야박하게 그러겠는가. 목구멍까지 올라오는 말을 한 번 더 누르며 최대한 나는 입꼬리를 올리고 웃으면서 말한다.

"시간약속만 잘 지켜주면 고객님께 영혼까지 끌어올려서 관리를 해주고 효과와 감동을 드리고 싶어요. 그런데 시간약속을 안 지키면 그럴 마음이 안 생겨요."

그러면 웬만한 고객들은 다음번엔 약속 시간에 늦지 않으려고 헐떡이며 뛰어온다. 그땐 잊지 않고 스킨십을 하며 감사함을 표현한다.

이런 대화와 스킨십이 의외로 효과가 좋다. 다행히 극소수를 제외하곤 웬만하면 이런 감성적인 스킨십이 다 통한다. 심지어 이렇게 감성적 스킨십을 진하게 하고 나면 처음에 생각했던 것보다 훨씬 더 괜찮은 사람임을 알게 되는 경우도 많다. 그래서 고객과 더 많은 대화를 나누며 감성적 소통을 해야 한다. 더 많은 스킨십을 하면 고객을 사랑하게 되고, 고객을 사랑하면 어떠한 고객도 내 맘에 쏙 드는 모범 고객으로 바뀌며, 마침내 둘도 없는 단골 고객이 된다.

원장님만
믿어!

'가늘고 길게 간다'라는 나만의 비즈니스 철학이 생긴 바탕에는 즐겁고 행복하게 일하고 싶다는 열망이 깔려 있다. 물론 나뿐만 아니라 함께하는 직원들도 스트레스를 받지 않고 즐겁고 행복하게 일하길 희망한다. 이를 위해 나는 직원과 고객 사이에 마찰이 발생하면 무조건 내가 나서서 직원들의 방패가 되어준다. 설령 직원이 잘못한 것이 있다고 해도 내가 잘못 가르친 탓이니 내가 직접 고객에게 사과한다. 그리고 직원을 혼내거나 가르치는 것도 원장인 내가 할 일이기에 고객이 나서지 못하게 한다. 원장인 내가 가르치면 배움이 되지만 고객이 지적하면 상처가 되기 때문이다.

직원은 대표인 나의 분신과도 같은 존재이다. 그래서 함께하는 이상 무조건 내 사람이다. 업무와 관련된 부분에선 발전을 위해 가르치기도 하고 잘못하면 혼내기도 하지만, 언제나 그 바탕엔 보듬고 품는 마음이 짙게 깔려있다. 특히 대외적인 부분은 무조건 원장인 내가 직원을 보호하고 방어하며 든든한 울타리가 되어준다. 그래야 직원이 나를 믿고 업무에 집중하며 즐겁고 행복하게 일할 수 있다.

직원 편이 된다고 해서 고객에게 공격적으로 대하는 것은 아니다. 할 말을 당당하고 분명하게 하는 것이지 공격하고 싸우는 것이 아니다. 그리고 할 말을 할 때도 '아 다르고, 어 다르다'라고, 상대의 기분이 상하지 않도록 공감을 잘 활용해야 한다. 상대의 감정에 먼저 공감해주고 상대 또한 직원의 입장에 공감할 수 있도록 요령 있게 말하는 것이다. 또 직원은 직원대로 토닥여주어야 한다. 삶의 경험과 연륜의 힘이 필요하기도 하지만, 서로를 이해하고 공감하는 마음만 있다면 그리 어려운 일은 아니다. 게다가 그렇게 하면 웬만해선 모두 훈훈하게 마무리된다.

무례한 고객에게서 직원을 보호하라

우리 제품과 서비스를 찾아주는 손님이 외부 고객이라면 직원은 내부 고객이다. 외부 고객은 서로의 상황에 따라 언제든 바뀔 수 있다. 하지만 내부 고객은 서로 신뢰하고 좋은 관계를 쌓아간다면 오래도록 이어갈 수 있다. 그리고 내부 고객인 직원과의 관계가 좋아야지만 외부 고객에게도 최선의 서비스가 나올 수 있다.

내부 고객인 직원의 만족도를 높이기 위해 우리 회사는 대표인 내가 직원을 철저히 보호한다. (혹여라도 기존 고객과 마찰이 발생할 시를 대비해 대응 매뉴얼도 만들어두었다.) 그럼에도 예상치 못한 일이 생기기도 하는데, 그땐 무조건 내가 총대를 멘다. "원장님만 믿어!"라며, 직원은 뒤로 물러나게 하고 내가 고객과 직접 해결한다. 직원이 잘못한 일이면 대표로서 진심으로 정중히 사과하고, 반대로 고객이 직원에게 무례하게 대한 것이면 이 또한 정중하게 말하며 다시는 똑같은 일이 발생하지 않도록 조치를 취한다.

언젠가 하루는 직원이 관리를 마치고 나오면서 "원장님, 저 너무 억울해요."라며 울먹였다. 사연은 이러했다. 10시 30분에 관리를 예약한 손님이 한 시간이나 늦은 11시 30분이 다 되어서야 왔다. 이전에도 자주 이런 일이 있었던 고객이다.

"내가 시계를 잘못 봤지 뭐야. 난 지금이 10시 반인 줄 알았어."

고객은 늦어서 미안하다는 말 한마디 없이 애꿎은 시계만 탓했다.

"고객님, 시간을 확인할 때는 바늘로 된 것 말고 숫자로 된 시계를 보는 습관을 들여 보세요."

직원은 매번 같은 핑계를 대는 고객이 얄미워서 참다못해 한마디를 했다. 아니나 다를까, 고객이 불같이 화를 내며 직원에게 버럭 소리를 질렀다.

"어른한테 말버릇이 그게 뭐야?"

아무리 딸 또래의 직원이라지만 화를 내는 것은 무례한 행동이다. 게다가 본인이 한 시간이나 늦게 와서 직원과 다른 고객에게 피해를 준 것은 생각도 않고 직원의 태도만 꼬투리 잡아서 화를 내는 것도 옳지 않다.

물론 내 잘못도 크다. 사전에 원장인 내가 나서서 고객에게 시간을 지켜달라 분명하게 말하고 직원이 불편을 겪지 않도록 해야 했다. 5분이면 될 일을 미루다가 결국 서로가 불편하고 마음 상하는 일이 발생한 것이다.

"괜찮아. 내가 해결할 테니 걱정하지 않아도 돼."

진작에 내가 나섰어야 했다는 후회와 반성의 마음과는 별개로, 이미 일은 벌어졌기에 최선을 다한 수습이 필요했다. 우선 고객에게 직원이 한 말은 "숫자로 된 시계로 시간을 확인하는 게 훨씬 더 정확하다."라는 의미임을 한 번 더 분명하게 인식시켜주었다. 그리고는 고객과 같은 세대로서의 공감을 표현하면서 내 생각도 들려주었다.

"나도 시계를 바늘로 확인하면 착각할 때가 종종 있어요. 그래서 요즘은 꼭 숫자로 확인해요. 직원들이 그렇게 하는 게 좋다고 하더라구요."

물론 나는 시계를 바늘로 확인해도 착각하는 경우가 거의 없었지만 고객에게 공감을 표현해 주는 것이 중요하기에 나 또한 그런 경험이 많다고 했다.

"그래요? 원장님도 그런 적이 많아요?"

"그럼요. 사람은 누구나 실수하잖아요. 그런데 직원들 말처럼 정말 숫자로 된 시계를 보는 습관을 들인 후로는 전혀 그런 실수를 안 해요."

고객은 내 말에 고개를 끄덕이면서도 여전히 마음이 풀리지 않은 듯 직원의 태도를 문제 삼았다.

"아휴, 우리 때와 달리 요즘 젊은 애들은 자기 의견을 분명하게 표현하잖아요. 시계를 숫자로 보면 더 낫다는 말이니 기분 나쁘게 생각할 것도 없어요. 사실 우리 같은 라떼들도 젊은 애들에게 배울 건 배워야 한다니까요. 그래야 발전하죠."

"그런 거예요?"

"물론이죠. 그나저나 어떡해요. 요즘 젊은 사람들이 감성이 여려서 조금만 혼내도 쉽게 상처받거든요. 오늘 그 직원도 고객님께 상처받아서 아예 일을 관둔다고 하면 어떡해요? 몇 년 동안 힘들게 배웠는데…."

나는 한 수 더 나아가서 어른으로서 젊은이들에 대한 따뜻한 애정을 표현하며 고객의 공감을 유도했다.

"난 그런 뜻으로 한 말이 아닌데….”

고객은 마음이 쓰였는지 관리를 마치고 나가면서 그 직원을 따로 불러 토닥여주고 커피 기프티콘까지 선물로 주고 갔다.

이렇듯 고객과 크게 충돌하지 않으면서도 직원을 보호할 방법은 얼마든지 있다. 그리고 설령 고객과의 충돌이 예상되더라도 내 직원을 보호해야 하는 상황이라면 대표는 무조건 든든한 방패이자 울타리가 되어주어야 한다. 리더는 직원에게 큰소리치며 힘을 휘두르는 사람이 아니라 외부의 공격에서 내 사람을 지키고 그들의 행동까지 책임지는 사람이다. 이는 직원을 위한 일인 동시에 고객을 위한 일이며, 회사를 위하는 가장 지혜로운 처세이다.

고객 만족은
직원 만족에서 비롯된다

우리 회사에 입사한 직원들의 근속 기간은 평균 7~8년 정도이다. 결혼과 출산, 육아로 인해 퇴사하기도 하고, 다른 업종으로 전환하여 취업하기도 한다. 그중 가장 반가운 것은 뭐니 뭐니 해도 피부관리실을 창업하여 나가는 경우이다. 나와 함께 일하며 배우고 익힌 기술과 서비스의 노하우를 최대한 활용해서 바라던 성공까지 거두면 청출어람의 기쁨이 따로 없을 정도로 반갑고 대견하다.

만남이 있으면 헤어짐이 있기 마련이라, 나는 퇴사를 희망하는 직원을 아쉬움보다는 늘 응원하고 축복하는 마음으로 떠나보낸다. 그리고 무엇보다 함께하는 시간 동안 그들에게 더 많은 것을 전수하고 더 많은 사랑을 전하려 노력한다. 동네 미용실의 숍인숍에서 피부관리실을 할 때 미용실 원장님이 나를 친동생처럼 살뜰히 챙겨주셨다. 미용실 손님들에게 피부관실까지 홍보하면서 내게 손님을 보내주셨다. 또 점심이면 늘 내 밥을 함께 챙겨주시고, 때론 우리 아이들까지 불러서 함께 밥을 먹도록 준비해 주셨다. 그때의 감사함과 따뜻함이 40년이 지난 지금도 여전히 내 가슴에 남아 있다. 그래서인지 나 또한 함께하는 직원들에게 오랫동안 꺼지지 않는 따뜻한 마음의 난로가 되고 싶다는 바람이 있다.

다 먹고 살자고 하는 일인데!

피부관리실을 운영하던 초창기에는 식사도 거르고 일할 정도로 건강에 무심했다. 그렇게 몇 년을 지나니 체력이 버텨내질 못했다. 다 먹고 살자고 하는 일인데, 식사를 거르고 건강이 무너지면서까지 일하고 돈을 버는 것이 무슨 의미가 있겠느냐는 생각까지 들었다. 세리 미용실을 퇴사하고 분당에 새로 피부관리실을 오픈하면서부터는 건강에 더욱 신경을 썼다. 규칙적으로 운동도 하고, 무엇보다 세 끼 식사를 잘 챙겨서 먹었다.

옷가게나 병원, 화장품 판매매장 등 많은 사업장이 그러하겠지만 피부관리실 또한 실내에서 음식 냄새가 나면 고객이 불쾌감을 느낀다. 고객이 없는 시간을 이용해서 식사하고 창문을 모두 열어 환기를 시킨다지만, 그럼에도 얼마간은 냄새가 남아 있다. 그래서인지 많은 피부관리실이 직원들의 식사나 간식을 제대로 챙겨주지 않는다. 지금은 많이 나아졌으리라 기대하지만 10여 년 전까지만 해도 밥과 김치, 고추장, 멸치, 김 정도가 전부였다. 더욱 심한 것은 편히 밥을 먹을 만한 테이블도 없다는 점이다. 세탁기 위에 몇 안 되는 반찬을 올려놓곤 서서 밥을 먹었다.

"식탁을 두면 절대 안 돼요. 애들이 모여서 밥을 먹으면 원장 욕이나 하고 잡담이나 한다니까요. 원장님도 얼른 식탁 없애버리세요."

원장들 나름의 이유는 있었지만 나는 절대 동의할 수 없었다. 직원들이 모여서 원장의 욕을 한다면 원장 스스로 욕 들을 짓을 안 하면 된다. 설령 최선을 다해 노력하는데도 직원들이 모여서 험담을 한다면 그냥 그러려니 하면 된다. 안 보는 곳에선 임금님 욕도 한다는데, 본인 욕하는 것이 싫어서 직원들이 편히 앉아서 밥 먹을 공간도 마련해주지 않는다는 것은 말이 안 된다. 게다가 그런 심보라면 욕을 먹는 것은 당연한 결과이다.

문제는 여기서 끝나지 않는다. 직원들을 푸대접하면 그 여파는 고스란히 고객에게로 간다. 어떤 피부관리실의 직원들은 원장이 일찍 퇴근하는 날엔 아예 전까지 부쳐 먹는다고 한다. 전을 부쳐 먹는 날엔 기름 냄새가 숍 안에 짙게 배는 것은 물론이고 이웃 상가까지 전해지기도 한다. 고객들은 그런 숍에 들어서면 미간을 찌푸리는데, 직원들은 별달리 신경 쓰지 않는다. 게다가 이런 일이 잦아질수록 고객은 그 피부관리실의 실력과 전문성까지 불신하게 되고, 급기야 발길을 돌리기까지 한다.

나는 오래전부터 직원들의 식사도 나와 똑같은 밥과 반찬으로 준비해 왔다. 퇴근 후에 집에서 반찬을 만들고 아침마다 챙겨 오는데, 밥심이 곧 체력이기에 냄새가 많이 나지 않는 반찬으로 최대한 골고루 준비해간다. 나는 신선한 샐러드를 좋아하는데, 직원들이 먹을 것도 늘 함께 챙겨간다. 생선과 고기는 출근 전에 다시 한번 데우고, 샵에서는 최대한 냄새를 줄여야 하기에 데우지 않고 그냥 먹는다. 최근에는 밀키트 제품이 너무 잘 나와서 직원들이 좋아하는 것들 위주로 사서 냉장고에 준비해둔다.

'밥을 같이 먹는 사람이 식구'라는 말처럼 나는 식사를 챙겨주는 정을 아주 중요하게 여긴다. 그리고 밥을 먹을 때는 품격 있게, 즉 제대로 갖춰서 편안하게 먹어야 한다는 생각이다. 다른 피부관리실이 어떻게 하든 간에 나는 내 소신대로 휴게실에 큰 테이블을 두고 함께 밥도 먹고 차도 마시고 휴식도 취하도록 했다.

점심때도 예약 손님이 오는 경우가 대부분이라 직원들 모두 모여 앉아 함께 밥을 먹기는 힘들 때가 많다. 대신 한두 명씩 차례로 밥을 먹더라도 편안하고 정갈하게 먹도록 앞서 먹은 사람이 자신의 그릇을 정리한 뒤 다음 사람의 밥과 반찬을 새 그릇에 담고 수저까지 놓아두도록 한다. 즉, 모든 직원이 잘 차려진 밥상을 받고, 다음 사람을 위해 다시 상을 차리는 호의를 베푸는 것이다. 비록 혼자 먹더라도 서로가 챙겨준 밥상으로 먹으면 외롭지도 않고 인정받고 대접받는 기분이 들어서 그나마 낫다. 또한 남을 챙겨 줄 때의 행복함을 느낄 수 있어 좋다.

먹는 순서도 막내 직원이 제일 먼저 먹고, 직급의 역순으로 올라가 가장 마지막에 내가 먹는다. 설거지도 직급과 무관하게 모두 순번을 정해서 돌아가면서 한다. 하루에 겨우 한두 끼이지만 밥 한 끼로 정이 더 돈독히 쌓이기도 하고, 정이 뚝 떨어져 나가기도 한다. 그리고 무엇보다 직원들은 제 삶의 가장 예쁘고 아름다운 시간을 바쳐 우리 회사에서 일하는 만큼 그들이 먹는 밥이라도 정성으로 챙기고 싶은 것이 내 마음이다. 언젠가는 그들도 내 품을 떠나겠지만 함께하는 동안만큼은 나의 진심이 그들에게로, 그들의 진심이 고객에게도 전해질 것을 믿는다. 또한 그들이 나처럼 리더가 되었을 때, 그때 내가 나눠줬던 마음을 조금이라도 기억하며 다시 그들의 직원들에게 베풀 수 있다면 더는 바랄 것이 없다.

주차장부터 내 회사이다

나는 주차장 입구부터가 우리 회사라고 생각한다. 실제 우리 매장은 대형 복합상가 빌딩에 입주한 여러 업체 중 하나일 뿐이다. 그러나 고객의 생각은 다르다. 우리 숍을 방문하는 고객이 우리를 가장 먼저 접하는 곳은 주차장이다. 주차장이 복잡하다거나 주차가 힘들다거나 관리하는 직원의 태도가 불친절하면 그 불쾌한 기분이 고스란히 우리 회사에 반영된다.

"이 건물 주차관리 아저씨는 정말 불친절해!"

사실 그분들은 우리 회사 주차관리 직원이 아니지만, 고객이 그렇게 생각하면 그런 것이다. 거기에다 대고 "주차장은 우리 숍의 전용이 아니고 이 빌딩 모든 상가가 함께 공동으로 사용하는 곳이라 우리에겐 책임이 없어요."라고 말하는 것은 큰 의미가 없다. 그래서 나는 늘 주차장에서 일하시는 분들도 우리 직원이라 생각하고 깍듯이 인사하고 간식 하나라도 더 챙겨드리려 노력한다. 가끔은 그분들께 커피도 대접해드리고, 명절 때도 잊지 않고 조그마한 선물을 정성껏 준비해드린다.

그뿐만 아니다. 혹여라도 고객과 주차 문제로 불쾌한 일이 있다면 내가 꼭 따로 찾아뵙고 사과하고, 언짢은 기분을 풀어드린다. 마음이 담긴 세심한 말 한마디가 주차관리 직원의 불쾌했던 마음을 풀어주고, 좀 더 친절한 응대를 이끌어 내어준다.

고객들에겐 "주차할 때 직원분께 우리 매장에 왔다고 말하세요. 그럼 친절하게 잘해주실 거예요."라고 말하는데, 실제로 고객들이 그렇게 말하면 주차관리 직원분이 너무나 친절하게 대해주신다고 한다. 주차장이 복잡해서 주차하기가 힘든 경우엔 아예 주차까지 직접 해주시기도 한다. 너무 감사한 분들이다.

사람과 사람 사이의 일은 원칙이나 규율보다 더 힘이 있는 게 '마음'이다. 마음을 움직이면 기다렸다는 듯이 배려가 나오고 친절이 나오고 온정도 샘솟는다. 게다가 그렇게 마음을 움직이게 하는 힘조차도 마음이다. 우리가 직접 월급을 드리는 직원은 아니지만 말 한마디도 더 신경 쓰고, 마음을 나누다 보니 결국 그 마음이 우리를 넘어 그대로 우리 고객에게 돌아온다.

마음까지 준비해서
출근하라

　나는 품격 있는 프로페셔널이 되고 싶다. 기술은 물론이고 마음가짐, 그리고 그 마음가짐이 겉으로 드러나는 태도와 외적 이미지까지도 품격 있는 프로페셔널이고 싶다. 그런데 이는 나 혼자 노력한다고 될 일이 아니다. 나와 함께 일하는 직원들도 그런 실력과 태도, 이미지를 갖추지 않으면 아무도 원장인 나를 품격 있는 프로페셔널로 생각해주지 않는다.

　우아하게 차려입고 고상하게 행동하는 엄마 옆에 늘 꼬질꼬질한 옷차림을 하고 버릇없는 행동을 서슴지 않는 아이들이 함께한다고 상상해보라. 사람들은 그 부조화에 고개를 갸웃할 것이며, 심지어 엄마의 우아함과 고상함조차 가식적이라 생각할 것이다.

엄마와 자녀가 가족이라는 공동운명체이듯 사장과 직원 또한 직장의 이미지를 함께 만들어가는 공동운명체이다. 원장인 내가 아무리 우아하고 고상한 행동을 한다고 해도 함께하는 직원들이 행동이나 태도, 외적인 이미지가 저급하다면 나 또한 그들과 함께 바닥으로 떨어지기 마련이다. 나는 내가, 그리고 우리 매장이 사람들에게 그런 이미지로 비치는 게 싫다. 우리가 노력하는 만큼, 우리의 기술만큼 인정받고 대접받고 싶다. 그리고 무엇보다 내 직원들이 밖에 나가서 사람들에게 한심해 보이거나 못나 보이는 것을 참을 수가 없다.

나는 어디서든 "우리 직원들은 정말 반듯하고 예의 바르고 품위 있다"라는 말을 듣기를 희망한다. 그런데 이런 평가와 칭찬은 노력 없이는 이룰 수 없다. 우아한 백조가 그 우아함을 유지하기 위해 물 아래에서 세찬 발차기를 쉬지 않듯이 늘 자신의 몸과 마음, 행동을 점검하고 새롭게 하려는 노력이 필요하다.

백조의 품격은 그냥 생기는 것이 아니다

우리 회사는 다른 곳과 비교해 직원들의 태도나 행동과 관련한 부분에서 매우 엄격하다. 특히 하지 말아야 할 것과 해야 할 것이 매우 분명하고 세세하다. 그리고 그것에서 어긋나는 모습을 보이면 절대 그냥 넘어가지 않는다. 물론 큰 잘못을 하지 않는 이상 혼을 내지는 않는다. 대신 집에서 엄마가 자녀에게 잔소리하듯이 나 또한 잔소리를 아끼지 않는다.

요즘 젊은이들은 나이든 이의 잔소리를 '라떼는 말이야'라는 말로 비아냥대기도 하던데, 그러거나 말거나 직원들의 리더로서 해야 할 말은 해야 한다는 것이 내 소신이다. 가정교육을 올바르게 받은 아이들은 밖에 나와서도 그 행동이 반듯하여 칭찬받는다. 직장에서의 교육도 같은 맥락이라고 본다. 들을 때는 귀찮은 잔소리 같아도 하나하나 되새겨보면 모두 나의 발전에 도움이 되는, 버릴 것 하나 없는 명품 잔소리인 경우가 대부분이다.

내가 가장 중요하게 생각하는 것 중의 하나가 모든 것을 완벽하게 준비하고 몸도 마음도 올바르게 갖춰진 상태에서 출근하는 것이다. 급하게 준비해서 헐레벌떡 출근하다 보면 꼭 뭔가 한두 가지 정도는 빼놓고 오기 마련이다. 가져와야 할 준비물을 빠뜨리든지 심지어 맹한 정신상태로 겨우겨우 지각만 면하는 경우도 있다. 이런 일이 생기지 않게 하려면 뭐든 미리 준비하는 습관을 들여야 한다. 다음날 가져갈 물품은 미리 챙겨서 현관 앞에 내놓고, 입고 갈 옷을 고르는 데 시간이 많이 소요되는 사람은 옷도 미리 챙겨놓는 것이 좋다. 그리고 아침에 30분만 더 일찍 일어나도 여유 있게 준비한 후에 편안한 마음으로 집을 나설 수 있다.

다행히 우리 직원들은 평소에 지각하는 일이 거의 없다. 그런데 어쩌다 이런 일이 생기면 나는 잊지 않고 명품 잔소리를 해준다.

오래전의 일이다. 입사한 지 얼마 안 된 신입직원이 월요일에 출근하면서 30분 정도 지각을 했다.

"원장님, 너무 죄송해요. 유니폼을 두고 오는 바람에 다시 집에 가서 가져오느라 조금 늦었습니다."

"유니폼은 미리 챙겨서 현관 앞에 뒀어야죠. 그래야 안 잊어버리죠."

"아, 그렇게 해뒀는데….."

직원은 평소 나의 가르침대로 일요일에 세탁을 마친 유니폼을 저녁에 미리 챙겨서 현관에 놔두었다고 했다. 그런데 아침에 서둘러 나오느라 그걸 미처 못 본 것이다.

"그럴 땐 기왕이면 핸드백도 같이 두세요. 설마 핸드백을 두고 오기야 하겠어요. 그리고 유니폼과 같은 준비물을 담은 가방은 지금처럼 눈에 안 띄는 검은 색이 아니라 눈에 확 들어오는 밝은색 가방에 담아두세요. 밝은색 가방이 설마 눈에 안 들어오겠어요?"

"네. 잘 알겠습니다!"

나의 잔소리는 이렇듯 구체적이다. 실수나 잘못에 대한 지적이나 꾸지람보다는 앞으로 그런 실수를 반복하지 않으려면 어떻게 해야 하는지에 대한 비법을 아주 세세하게 제시해준다. 물론 이런 것은 모두 내 경험에서 나온 말이다. 나 또한 밝은색 보조

가방에 항상 준비물을 담아서 현관에 둔다. 그러면 깜빡 잊고 안 가져올 일이 전혀 없다.

화장, 마음의 정장을 갖춰 입는 일

준비물을 미리 챙겨두고, 지각하지 않는 것만큼이나 내가 아주 중요하게 생각하는 것이 있다. 바로 '화장'이다. 숍으로 올라오는 엘리베이터 안에서도 같은 건물에 있는 사람과 마주칠 수 있는데, 그때 화장도 안 한 민낯으로, 정리 안 된 부스스한 머리로 인사를 한다는 것은 있을 수 없는 일이다.

너무 까다로운 것이 아니냐고 할 수도 있겠으나 나는 화장은 곧 마음의 정장을 갖춰 입는 것, 즉 마음가짐을 똑바로 하는 의식이라 생각한다. 특히 우리처럼 뷰티 서비스업에 종사하는 사람들은 외모 또한 누가 봐도 단정하고 아름답고 품위가 있어야 한다. 백화점 명품관에서 고가의 명품을 파는 직원이 화장도 하지 않고 머리도 대충 묶은 채 슬리퍼를 신고는 짝다리를 짚고 있다면 누가 그 직원에게서 명품을 사고 싶겠는가. 그 직원을 채용한 명품 브랜드의 안목은 물론 품질까지 의심하게 될 것이 뻔하다. 뷰티 업계도 이와 크게 다르지 않다.

같은 건물을 쓰는 다른 회사 직원 중엔 화장 안 한 민얼굴로 출근하고, 엘리베이터 안에서 흐트러진 태도로 서 있는 모습을 보이는 경우가 종종 있다. 엘리베이터에 등을 기댄 채 다리도 한쪽으로 축 늘어뜨리고. 심지어 회사 유니폼을 입고 퇴근하는 모습을 본 적도 있다. 지치고 힘드니 귀찮아서 그런 것이다. 그럼에도 회사를 생각한다면 그런 행동을 해서는 안 된다. 고객의 눈에는 직원이 곧 그 회사이다. 직원의 말과 행동, 외모와 태도에서 나오는 품격이 곧 그 회사의 품격인 것이다.

우리 직원들은 퇴근할 때 모두 사복으로 갈아입고 화장과 머리도 다시 점검하고 나선다. 건물 복도나 엘리베이터, 주차장에서 누구와 마주쳐도 단정한 자세로 먼저 공손하게 인사한다. 그게 교육의 힘이다. 어렵고 힘든 일도 아니고 나쁜 일도 아닌데, 못할 게 뭐가 있겠는가. 더군다나 자신의 품격을 올리는 일이니 가르쳐주면 다 하게 된다. 회사에서 안 가르치니 안 하는 것이다.

이 외에도 나는 매장 밖의 공동화장실에서 핸드폰 통화를 못하도록 한다. 같은 빌딩의 공동화장실에는 고객도 있을 수 있고 이웃 업체의 대표나 직원도 있을 수 있다. 그곳에서 사적인 통화를 수다스럽게 한다는 것은 있을 수 없는 일이다. 꼭 통화해야 하는 일이라면 건물 밖에 나가서 간단히 통화하게 한다.

한편 우리 회사는 안내데스크에 앉을 수 있는 자격을 입사 1년 후부터 부여한다. 나와 1년여를 함께하며 명품 잔소리를 풍부하게 듣고 명품 직원으로 거듭났을 때 비로소 안내데스크에 앉아 고객을 직접 응대할 수 있다.

안내데스크에 앉아서도 지켜야 할 수칙은 많다. 우선 고객이 있든 없든 늘 자세가 흐트러져서는 안 된다. 허리를 똑바로 세우고 단정한 자세로 앉아 있어야 한다. 이때 책을 읽거나 고객관리와 관련한 자료를 보는 것은 가능하다. 대신 핸드폰 사용은 절대 안 된다. 간단한 문자나 검색도 허용되지 않는다. 숍 안에서 오가는 고객, 관리를 마치고 나가는 고객, 신규 상담을 하러 오는 고객, 관리를 받으러 오는 고객 등 많은 분이 오가는 장소에서 안내데스크의 직원이 프로답지 못하게 핸드폰이나 만지작거린다는 것은 우리 회사에서는 절대 있을 수 없는 일이다.

출근 후에 회사에서 단정하고 품격 있는 태도를 유지하기 위해서는 늘 퇴근 후에 하루를 되돌아보고 정리하며, 새로운 내일을 준비하는 마음 자세가 필요하다. 전장에 나가는 장수가 모든 준비를 마치고 몸과 마음을 되돌아보며 각오를 다진 후에야 마침내 출전하듯이, 매일 출근길에 최고의 나를 준비해야 한다. 월급만을 위해 시계추처럼 출근과 퇴근을 반복하는 지루하고 고달픈 삶이 아닌 꿈과 목표를 향해 매일 꾸준히 나아가는 삶이 되려면 늘 준비된 마음과 태도로 하루하루를 맞아야 한다. 그래야 그 하루가 온전히 내 삶에 귀한 밑거름으로 쓰일 수 있다.

프로페셔널의 하루에는
디테일이 있다

프로 직장인에게 아침 미팅은 필수이다. 우리 매장은 매일 아침에 직원이 모여 업무미팅을 한다. 기본적인 업무 점검 외에도 어제 관리를 받았던 고객들의 특이사항을 서로 전달하며 메모한다. 그리고 오늘 예약된 고객의 리스트를 보며 고객별로 어떤 관리에 더욱 집중할 것인지에 대해 세세하게 짚어준다. 또 특별히 주의해야 할 점도 다시 한번 강조한다.

"10시에 예약된 H 고객님은 지난 관리 때에 J 선생님이 들어갔는데 힘이 조금 약했다고 합니다. 그렇다고 해서 K 선생님 정도의 강한 힘을 원하는 것은 아니라고 해요. 그러니 이번에도 J 선생님이 들어가시되 조금만 더 힘 있게 해주세요."

"11시에 예약된 P 고객님은 지난번에 관리를 받고 나갈 때 얼굴에 열감이 좀 있었는데, 집에 가서도 한동안 얼굴이 붉었다고 해요. 그러니 이번 관리에서는 피부 진정관리에 좀 더 신경을 써 주시고, 마지막에 미스트도 충분히 뿌려드리면서 수분관리에 더 신경을 써주세요."

"2시에 예약된 N 고객님은 성격이 좀 예민하시잖아요. 그러니까 담당 선생님들은 다들 말조심을 해주세요. 누가 와서 이런 얘기를 하더라 하면서 괜히 말 옮기면 고객님이 엄청 마음 쓰시니까 그런 말은 일절 하지 마세요."

이처럼 아침 미팅에서 그날 관리에서 더욱 신경 써야 할 부분들에 대해 점검하고 메모를 하면 실전에서 실수하는 일이 거의 없다. 이렇게 꼼꼼히 점검하고도 실제 관리에 들어가기 전에 기회가 되면 한 번 더 직원들에게 일러주기도 한다. 한번 들으며 절대 잊어버리지 않는 뛰어난 두뇌가 아닌 이상은 대부분 반복해서 생각하고 외우고 메모하면서 실수를 줄여나간다.

하루를 마무리하며 꼭 그림일기를 그려라

"오늘 집에 가서 그냥 자면 안 돼요. 꼭 오늘 있었던 일들을 그림일기로 그리고 자야 해요. 알았죠?"

"네, 원장님!"

유치원생에게나 할 법한 유치한 대화이지만 내가 직원들에게 늘 강조하는 말 중의 하나이다. 물론 이때 그림일기는 우리가 어릴 때 썼던 그 그림일기를 의미하는 것은 아니다. 하루를 마무리하면서 머릿속으로 오늘 있었던 일들을 하나하나 순서대로 복기하면서 정리해 나가는 것을 의미한다.

오늘 하루 중에서 좋았던 일은 그때의 긍정적이고 따뜻한 감정을 기억하고 다시 한번 가슴에 새긴다. 그리고 실수했던 일은 다음에는 그러지 말아야 한다며 단단히 다짐해둔다. 또 새롭게 배웠던 기술은 그 과정을 하나하나 다시 기억하면서 머릿속에 저장해둔다. 나는 직원들에게 매일 조금씩이나마 나의 기술을 전수해주기에 더더욱 그림일기를 그리는 과정을 통해 그때그때 기술을 복기하며 기억해두어야 한다. 그래야 다음에 그 기술을 사용할 때 훨씬 더 능숙하게 동작이 나온다.

그림일기를 그리는 것은 직원들에게만 해당하는 숙제가 아니다. 나 또한 매일 두세 번씩은 그림일기를 그리면서 하루를 복기한다. 주로 퇴근하면서 한 번 그림일기를 그리고, 자기 전에 한 번 더 그림일기를 그린다. 그림일기를 그리는 동안 내 머릿속엔 하루의 일들이 파노라마처럼 순서대로 지나가는데 그러다 보면 놓쳤던 부분이 떠오를 때도 있다. 예를 들면 외부에 나갔다가 돌아오는 직원에게 전화해서 "들어오는 길에 우리 다 같이 마실 커피 좀 사와 줄래요? 돈은 이따 들어오면 줄게요."라고 해 놓고는 깜빡하고 돈을 주지 않은 것이 기억난다. 그러면 즉시 그 직원에게 커피값을 송금해준다. 매일 그림일기를 그리지 않는다면 직원에게 커피값을 줘야 한다는 사실을 언제 다시 기억하게 되는지 알 수 없는 일이다. 이런 사소하지만 중요한 부분들에서 자꾸 깜빡깜빡하고 실수가 쌓이면 신뢰가 깨지기도 하기에 매일 하루를 마무리하며 그런 부분까지도 꼭 점검해야 한다.

잠들기 전에 쓰는 그림일기에서는 주로 좋았던 일들을 한 번 더 떠올린다. 그날 하루 직원들에게 고마웠던 점, 고객과 즐겁고 좋았던 일들, 아이들과 남편에게 감사했던 일들을 떠올리며 감사의 기도로 하루를 마무리한다. 가끔은 너무 피곤하면 잠들기 전의 그림일기를 빼먹기도 하는데, 그런 날은 다음 날 아침에 화장을 하면서 다시 그 전날의 그림일기를 그린다. 이렇게 하루하루를 내 마음과 머릿속에 예쁘게 정돈해놓고 다시 새로운 오늘을 맞아야 어제보다 더 발전하는 오늘, 더 감사한 오늘이 열린다.

고객이 두 번 말하게 하지 마라

"눈은 덮지 말라니까요! 내가 매번 말하는데도 계속 기억을 못 하시면 어떡해요?"

우리 숍에서는 절대 일어날 수 없는 광경이다. 나는 직원들에게 고객이 한번 했던 말을 또다시 하게 해서는 안 된다고 늘 강조

한다.

"나는 한 달 뒤에 웨딩 촬영이니까 그때까지 빠른 효과가 날 수 있게 관리에 더 신경을 써주세요."

"나는 입술이 건조하니까 입술까지 팩을 덮어주세요."

"나는 눈을 덮는 것을 무서워하니 팩을 할 때 눈을 덮지 마세요."

"나는 마무리할 때 꼭 선크림까지 발라주세요."

고객마다 요구사항이 조금씩 다르고 디테일하기까지 하다. 따라서 관리 첫날에 최대한 고객의 성향이나 취향, 니즈를 파악하며 고객차트에 메모해두어야 한다. 이 때문에 1회차 관리서비스는 평소보다 시간을 더 넉넉하게 잡는다. 고객이 원하는 것을 모두 파악하고 고객차트에 세세히 적어두기 위해서다.

물론 적어둔다고 해서 실수하지 않는 건 아니다. 실수를 줄이기 위해선 수시로 차트를 보며 고객의 취향과 요구사항을 점검해야 한다. 또 예약 당일 오전에 다시 확인하고, 관리를 들어가기 전에 한 번 더 점검해야 한다. 이렇듯 꼼꼼하게 여러 번 점검하면 실수하는 일은 거의 없다.

실수하지 않으려면 매번 물어보고 확인하면 된다. 그런데 매번 관리 때마다 "팩을 얹을 건데 눈을 덮어도 될까요?", "마무리는 어디까지 해드릴까요?"라고 묻는 것은 프로답지 못한 행동이다. 고객은 매번 같은 대답을 하면서 속으로 불만이나 불신이 쌓여갈 수 있다.

'지난번에 말했는데 또 물어보네. 왜 메모를 안 해두지?'

고객이 이런 마음이 들기 전에 미리 디테일하게 고객을 파악하고 기억해주어야 한다. 그러면 오히려 고객은 딱 한 번 말했는데도 자신의 취향과 요구를 완벽하게 기억해주니 "역시 프로는 다르다!"라고 감탄하며 신뢰한다.

고객의 취향이나 특성을 파악하고 기억하는 것은 단순히 기억력의 문제가 아니다. 기억력이 좋다고 그것을 모두 기억하는 것도 아니고 기억력이 나쁘다고 해서 기억을 못 하는 것도 아니다. 게다가 고객의 취향이나 요구사항과 같은 중요한 내용을 기억력에만 의존해서도 안 된다. 오히려 자신의 기억력을 불신하면서 일일이 메모하고 읽고 외우기를 반복하는 노력을 통해 디테일을 완성해가야 한다. 노력을 이기는 재능은 없다.

PART3 프로페셔널의 빛나는 품격

PART4

새콤달콤, 맛있는
비즈니스 만들기

품격이 다른
서비스를 창조하라

선구자는 외롭다. 때론 모함과 비난도 감수해야 한다. 그러나 그 길이 옳다고 판단되면 누가 뭐라고 하거나 말거나 묵묵히 제 걸음을 가면 된다. 그러면 그 걸음걸음이 길이 되고 마침내, 모두가 따르게 된다.

"언니, 사람들이 이 동네에 별난 여자, 못된 여자가 왔다고 다들 난리에요."

1995년에 이제 막 신도시 물결이 일기 시작한 분당에 피부관리샵을 오픈하고 몇 달이 지났을 때다. 같은 상가 건물에서 친하게 지내던 동생이 걱정스러운 표정으로 내게 말했다. 나는 그 '별난 여자', '못된 여자'가 누구냐고 묻지 않았다. 나를 두고 하는 말이란 걸 잘 알기 때문이다. 그런데 별달리 그 말에 신경 쓰지도 않았다. 나는 '별난 여자'도 '못된 여자'도 아니고, 그저 깐깐한 피부관리실 원장일 뿐이니 말이다.

분당에 피부관리실을 오픈한 후에 나는 그곳의 기존 룰을 완전히 무시했다. 로마에 오면 로마법을 따르라지만, 모두가 반드시 지켜야 하는 '법'도 아니고 각자의 운영 스타일일 뿐인데 굳이 기존의 룰을 따를 필요는 없었다. 물론 기존의 것이 훌륭하고 좋은데 괜한 오기나 치기로 다른 것을 만들어낼 이유도 없다. 나는 기존의 것이 마음에 들지 않아 더 나은 시스템을 만들어낸 것뿐이다. '별난 여자', '못된 여자' 소리에 상처받고 관둘 거라면 애초에 시작도 안 했다.

나만의 차별점은 필수다

변화는 그것에 적응하기까지 잠시 어색하고 불편한 시간을 보내게 할 수 있다. 그러나 발전을 위한 변화는 결국 더 나은 결과를 가져오기에 초기의 마찰과 저항은 당연한 과정이라 여기며 여유롭게 대처하면 된다.

당시 내가 분당이라는 시장에 새롭게 도입한 시스템은 크게 3가지였다. 첫 번째는 10회 회원제이다. 요즘은 피부관리실의 10

회 회원제는 기본처럼 되어있지만 27년 전인 당시엔 대부분이 4회 회원제였다. 일주일에 1회씩, 한 달 단위로 티켓을 끊었다. 10회 회원제로 전환한 가장 큰 이유는 고객 만족을 통한 단골 확보를 위해서이다. 피부의 바탕까지 바뀌려면 10회 정도의 관리는 기본인데, 다들 4회씩 끊으니 그 효과가 미비해 재등록 비율이 낮았다. 나는 이 부분을 고객들에게 충분히 설명한 후 10회 회원제를 정착시켰다. 덕분에 다른 샵에서 만족하지 못하던 고객이 점점 아름다워지는 자신의 모습에 크게 만족하며 흔쾌히 단골이 되어주었다. 이를 통해 나는 고객 만족은 물론이고 단골 확보를 통한 안정적인 수익구조까지 갖출 수 있었다.

두 번째는 철저한 예약제이다. 헤어숍이나 피부관리실, 네일아트, 애견미용 등과 같이 1대 1 서비스를 하는 업종은 이제 예약제가 당연한 것이 되었다. 그런데 내가 분당에서 피부관리실을 창업했던 27년 전엔 서울 중심가를 제외하곤 예약제를 하는 곳이 거의 없었다. 언제든 여유 시간이 생기면 불쑥 찾아와서 피부관리를 해달라고 요구한다. 그러다 보니 고객이 한꺼번에 몰리는 시간엔 모두가 힘들다. 고객은 자신의 차례가 오길 무작정 기다려야 하니 지치고, 직원들도 쉴 새 없이 계속 일해야 하니 몸이 고되다. 이런 상황에선 고객 만족은커녕 불만만 늘어난다. 이런 이유로 나는 철저한 예약제를 고집했다.

"원장님, 나 지금 관리받고 싶은데 시간 돼요?"

예약제가 완전히 정착되기까진 고객과의 마찰도 잦았다. 지나는 길에 동네 슈퍼에 들어가듯이 불쑥 와서는 지금 당장 관리를 해달라고 하니 설득하고 이해시키는 데 소요되는 에너지도 만만치 않았다.

"고객님, 우리 숍은 예약제입니다. 예약하셔야만 관리를 받으실 수 있어요."

"네? 저기 저렇게 베드도 비어있고 쉬고 있는 직원들도 있는데 굳이 예약을 하라구요? 나 그냥 지금 저기서 관리받으면 안 돼요?"

"네, 안 됩니다. 예약제는 고객 만족을 위해 우리 숍이 정한 룰입니다. 그 룰에 예외를 둘 거면 룰을 왜 만들겠어요. 다 고객님들을 위한 우리의 노력이니 이해해주세요."

많은 분이 생소한 예약제에 대해 불평을 했지만, 나는 이 모든 것이 고객 한 분 한 분에게 최선의 서비스를 하려는 노력이니 이해해달라고 했다.

"무슨 말인지 알겠어요. 그럼 지금 관리받으려면 어떻게 해야 해요?"

"여기 계단 내려가시면 지하 슈퍼 옆에 공중전화가 있어요. 거기서 전화하셔서 예약 잡고 올라오세요."

고객은 황당해하면서도 순순히 지하로 내려갔고, 곧 전화를 해왔다.

"저 방금 숍에 들렀던 사람인데요, 예약 좀 하려구요."

"네, 고객님! 지금 빈 자리 있어요. 올라오시면 됩니다."

잠시 기분이 상했을 수는 있으나, 고객은 결국 그것이 자신을 위한 일임을 알게 된다. 일부러 시간을 맞춰 예약해야 하는 번거로움만 감수한다면 그 시간만큼은 누구의 방해도 받지 않고 최고의 서비스를 받을 수 있으니 만족감이 훨씬 커진다. 이렇듯 예약제의 장점을 제대로 경험한 고객들은 이후론 별말 하지 않아도 알아서 예약을 하고 방문한다.

예약제의 또 다른 장점은 인건비 절약을 들 수 있다. 고객이 한꺼번에 몰릴 때를 대비해서 늘 일정 수의 직원을 대기시켜야 하는데, 예약제를 하면 적은 수의 직원으로 효율적인 관리가 가능하다. 게다가 직원들도 피로감을 덜 느끼니 더 정성 들여 서비스할 수 있다.

세 번째는 입구에 벨을 달아 출입을 제한했다. 고객이 밖에서 벨을 누르면 안에서 방문객을 직접 확인한 후에 문을 열어주는 것이다. 이것은 그 어디에서도 하지 않던 시스템이라 고객들의 불평이 컸다. 이 또한 나는 고객 한분 한분께 일일이 이유를 설명하며 이해시켰다. 피부관리실은 그 특성상 상의를 탈의할 때가 많다. 그런데 하루에도 몇 번씩 불쑥불쑥 남자 영업사원이나 행상인들이 들어오니 그때마다 관리를 받던 여성 고객들은 화들짝 놀라며 황급히 이불로 몸을 가려야 했다. 게다가 우리 숍은

썬탠실도 있어서 더 철저하게 고객의 안전에 신경을 써야 했다.

나는 고객의 이런 불편함을 해결할 방법을 찾다가 벨을 떠올렸고, 그대로 샵에 적용했다. 다행히 고객들은 이런 나의 뜻을 잘 이해해주었고, 익숙해지니 좋은 시스템이라며 좋아하고 칭찬까지 해주었다.

스스로 격을 올려라

샵 입구에 벨을 달아두고 출입 제한을 한 것 때문에 초기 얼마간은 이웃 상가의 오해를 사기도 했다. 언젠가 하루는 맞은편 학원의 선생님이 내게 조심스럽게 물었다.

"그런데 원장님, 거긴 뭐 하는 데예요?"

"네? 그게 무슨 말이에요?"

피부관리실이라고 큼지막하게 간판까지 내건 곳을 보고는 뭐 하는 곳이냐고 묻다니! 황당하다 못해 기분 나쁘다는 표정으로 되물으니 그제야 솔직하게 그간의 의심을 고백했다.

"아니, 아줌마들이 벨을 누르고 들어가고, 한 번 들어가면 한참 있다가 나오니까 우린 혹시 주부들이 모여서 도박하는 곳이 아닌가 의심했죠."

너무 황당했지만, 한편으론 충분히 오해할 수도 있겠다 싶었다. 그래서 나는 벨을 단 이유에 대해 상세하게 말해주었다.

"그런 이유로 우리 고객님들을 보호하기 위해 입구에 벨을 달아둔 거예요."

"그럼 그렇지! 역시 원장님은 남다른 분이시라니까요."

궁금하거나 이상한 게 있으면 이렇듯 대놓고 물어보는 게 훨씬 더 반갑다. 설명을 해주면 오해가 이해로 바뀌고, 의혹이 감동과 감탄으로 바뀔 수 있기 때문이다. 대놓고 물어볼 용기도 없는 사람들이나 뒤에 숨어서 이러쿵저러쿵 험담하고 욕하는 것이다. 그래서 나는 사람들이 내게 '별난 여자', '못된 여자'라며 흉을 보든 말든 신경 쓰지 않았다. 어차피 모든 사람과 좋은 관계로 지내는 것은 불가능한 일이고, 그 불가능한 일에 에너지를 쏟을 이유도 없었다. 나는 나를 알아주고 이해해주는 사람들과 진심을 주고받으며 긍정적이고 발전적인 관계를 이어가면 된다.

고객도 마찬가지이다. 공장에서 찍어낸 물건을 파는 곳은 손님이 많으면 많을수록 좋겠지만, 피부관리실과 같이 1대 1의 프리미엄 서비스가 중요한 곳은 손님을 오는 대로 모두 받을 수는 없다. 그래서 고객 수를 제한하여 응대해야 하는데, 이때 나와 잘 맞는 고객을 선별하는 것이 무척 중요하다. 내가 고객의 불만과 저항을 예측하면서도 꿋꿋하게 시스템에 변화를 가져온 것도 이런 이유에서다.

신규로 시장에 진입하여 고객의 선택을 받으려면 '차별화'는 필수 전략이다. 그런데 단지 남들과 다른 것만으론 차별화에 성공할 수 없다. 천장에 출입문이 달린 자동차, 텔레비전 크기의 대형 핸드폰이 기존의 것과 다르다는 이유만으로 고객의 선택을 받을 수는 없지 않은가. 고객의 선택을 받으려면, 고객을 더 크게 만족시키기 위한 차별화여야 한다.

나 또한 분당이라는 떠오르는 도시에서 피부관리샵으로 승부를 걸기로 마음먹었을 때, '고객 만족'을 목적으로 한 차별점을 만들어냈다. 그것은 고객을 위한 일인 동시에 나를 위한 일이기도 했다. 차별화된 시스템에 담긴 나의 깊은 뜻을 알아주고 만족하는 고객은 나와 잘 맞는 찰떡궁합의 고객이다. 반대로 고객 만족을 위한 나의 진심을 몰라주며, 끊임없이 시스템에 불평과 불만을 표현하는 사람은 나와 잘 맞지 않는 고객이다. 나와 잘 맞지 않는 고객은 거르고, 나와 잘 맞는 고객만을 선별하여 서로에게 만족감을 줄 수 있는 품격 있는 서비스를 제공하면 된다.

변화와 혁신은 잠시의 과도기를 거쳐야 했으나 결국 차별화된 시스템이 정착되니 내 예상대로 품격 있는 엘리트 고객들이 지인의 소개나 입소문을 듣고 찾아왔다. 그들은 "여긴 실력도 서비스도 완전히 격이 다르다"라며 무척 만족하며 우리의 시스템과 실력을 칭찬해주었다. 그러한 인정과 칭찬은 감사한 에너지가 되어 다시 더 큰 고객서비스를 창출할 열정을 샘솟게 해주었다.

나는
강남 스타일!

뷰티 업계에서 최고의 대기업으로 꼽히던 세리 미용실에서 일하는 동안 나는 그곳의 고객관리, 직원관리, 서비스 마인드 등을 배우며 차근차근 창업에 재도전할 준비를 했다. 그렇게 3년여가 흐르고, 이 정도면 창업할 준비가 됐다고 판단되던 즈음에 운좋게 서울 근교인 분당에 새롭게 떠오르는 신도시가 생겼다.

나는 무조건 그곳에 창업해야 한다고 판단했다. 경쟁이 거센 서울 중심가보다는 새롭게 떠오르는 수도권 신도시에서, 그야말로 '강남 스타일'을 선보이면 통할 것이란 확신이 들었다. 나는 창업 준비를 하면서 신속히 퇴사 절차를 밟았고, 분당 신도시에 강남 스타일을 그대로 옮겨왔다.

내 확신은 그대로 적중했다. 분당이 신도시란 이름으로 재탄생했으나 점포들은 여전히 이전의 스타일을 유지하고 있었다. 게다가 피부관리실은 전문기술이 필요한 업종이라 신규로 진입하는 경우가 드물었다. 그러다 보니 세련되고 고급스러운 스타일, 체계적이고 품격 있게 운영되는 피부관리실은 사람들의 이목을 집중시키기에 충분했다.

물론 관심만큼이나 경계의 눈초리도 매서웠다. 기존의 피부관리실들끼리 나름의 구역을 설정하여 어렵사리 평화를 유지하고 있는데 느닷없이 새로운 경쟁자가 나타나니 바짝 긴장한 것이다. 더군다나 그들과는 완전히 품격이 다른 강남 스타일로 들어서니 마치 나를 상도덕이 없는 사람처럼 생각했다.

그러거나 말거나, 나는 개의치 않았다. 그들이 어떻게 생각하든 나는 내 길을 가면 되고, 그들도 그들의 길을 열심히 가면 됐다. 새로운 경쟁자의 등장을 두려워할 것이 아니라, 그 누가 와도 겁나지 않을 정도로 실력을 갖추면 된다.

잘나가는 그들을 흉내 내라

개포동의 피부관리실은 기존의 시설을 그대로 인수했지만 분당 신도시에 새롭게 오픈한 매장은 하나부터 열까지 모두 내 취향으로 꾸몄다. 이때 모델이 된 것이 압구정 세리 미용실이다.

세리 미용실을 그대로 옮겨놨다고 해도 과언이 아닐 만큼 기본 인테리어는 물론이고 이불, 침대, 수납가구, 집기류, 심지어 작은 소품들까지 모두 똑같이 갖춰 놓았다. 세리 미용실에서의 배움이 내게 너무나 큰 도움이 되었던 만큼 그곳의 모든 것이 좋았다. 그래서 새롭게 매장을 꾸밀 때 기왕이면 세리 미용실과 유사하게 하고 싶었다.

강남, 그것도 최신 유행의 메카였던 압구정 스타일을 흉낸 낸 것은 외형만이 아니었다. 개포동에서 숍을 운영할 때는 경험이 없다 보니 이렇다 하게 참고할 곳이 없어 그냥 주먹구구식으로 했다. 그런데 세리 미용실에서는 하나에서 열까지, 모든 것이 조직적이고 체계적으로 운영되고 있었다.

직원들은 서로에게 '선생님'이라는 호칭을 붙이며 직업의 품격을 올렸다. "미스 최", "양 언니"와 같이 정해진 호칭도 없이 나오는 대로 부르던 나의 개포동 숍과는 확연히 비교되는 모습이었다. 또 고객을 대할 때도 동네 언니나 이모를 보듯이 그저 친절하고 애교 있게만 대했다면, 세리 미용실은 친절함은 물론이고 매번 이름 뒤에 '고객님'이라는 호칭을 붙이며 품격 있게 대했다. 이런 그들의 모습이 내겐 너무나 우아하고 고급스럽게 보였기에, 나중에 새롭게 피부관리실을 창업하면 반드시 그대로 따라 할 것이라며 머릿속에 메모해두었다.

조직 관리에 있어서도 압구정 스타일은 확실히 달랐다. 필요에 따라 그때그때 일을 지시하던 나와는 달리 세리 미용실은 매일 아침 정해진 시각에 직원 조회를 했다. 그날의 세부적인 일정을 점검하고 주의사항을 전달하며 직원들의 머리를 상쾌하게 깨워주었다. 주간회의, 월간회의를 통해 업무는 물론 매출과 관련한 목표도 정하고, 어느 정도 달성되었는지도 세세히 점검했다. 그냥 최선을 다하며 열심히만 하면 되는 줄 알고 있었던 내게 이런 조직적이고 체계적인 경영과 관리의 모습은 너무 놀랍고 존경스러웠다.

게다가 직원들의 기술 교육도 확연하게 차이가 났다. 나의 경우, 원장인 내가 고객을 관리할 때 직원들이 옆에서 쳐다보며 배우는 것이 최선이라 생각했다. 그런데 세리 미용실에서는 직접 보고 배우는 방식 외에도 직원들의 기술 교육 시간을 따로 정해 두고 하나하나 다시 체계적으로 가르쳤다. 직원들끼리 위계질서도 잘 잡혀 있어서 신입이 들어오면 바로 위 직급의 직원이 업무와 관련한 부분을 전담해서 가르쳤다. 높은 직급의 직원은 아래 직급의 직원에게 상사인 동시에 선배이고 스승이 되어 업무와 관련한 모든 것을 책임지고 이끌어주는 역할을 하는 것이다. 나는 이 모든 것들을 분당에 새롭게 피부관리실을 창업하며 그대로 적용했다.

매장 인테리어와 운영방식 외에도 당시 주위의 이목을 집중시

컸던 것이 하나 더 있다. 바로 원장인 나의 패션과 고객 응대 매너이다. 나는 내가 존경하던 세리 미용실 L 원장님의 세련되고 우아하며 고급스럽고 품격 있는 모습을 분당에서 그대로 연출했다. 당시만 해도 피부관리실 원장들은 피곤함에 찌들어 자신을 가꾸는 것에 소홀했다. 체력 소모가 많은 직업이다 보니 자신을 가꿀 여력이 없는 것이다.

이런 그들과 달리 나는 꾸준히 나를 꾸미고 가꾸면서 에너지를 채웠다. 매일 1일 3팩을 하며 나의 피부를 가꾸는 것은 물론이고, 헤어와 화장에도 정성을 다했다. 또 고객을 관리하며 마사지크림이나 오일이 묻는 것도 전혀 개의치 않고 무조건 화려하고 밝은 색상의 옷을 입었다. 매일 어둡고 칙칙한 옷만 입는 여느 피부관리실 원장들과는 확연히 다른 모습이었다.

분당에 새롭게 선보인 강남 스타일은 기대 이상으로 효과가 컸다. 이전까지 분당의 피부관리실이 '피부관리'라는 기능에 집중했다면 나의 강남 스타일은 본연의 기능은 물론이고 '품격'까지 갖춘 서비스로 고급화와 차별화를 한 번에 선보인 것이다.

최고가 되는 가장 빠르고 정확한 방법은 최고를 모방하는 것이다. 세계 최대 유통기업인 월마트의 창시자 샘 월튼은 "내가 시도한 일은 대부분 다른 사람이 한 일을 모방한 것이다."라고 했다. 최고를 흉내 내고 모방하는 것은 부끄럽거나 비열한 행동이 아니다. 오히려 배움과 습득의 한 과정이다. 기술을 익히기 위해 고수에게서 배우듯이 경영이나 마케팅 등의 비즈니스 스킬도 최고의 것을 모방하고 벤치마킹하면서 내 것으로 습득하면 된다. 물론 남의 것을 모방하는 데만 그칠 것이 아니라 어느 정도 경지에 오른 후엔 반드시 자신만의 차별점도 갖춰야 한다. 그래야 또 다른 최고가 탄생할 수 있다.

어디서든
주인이 돼라

"혹시 미스코리아 할 생각 없어요?"

압구정 세리 미용실에 다닐 때의 일이다. 건물 지하 1층에서 스킨케어 실장으로 일하던 나는 손님이 없을 땐 1층 헤어파트에 가서 직원들과 소소하게 수다도 떨고 헤어를 관리해주는 모습도 살폈다. 그러다가 내 눈을 사로잡을 정도의 탁월한 미모를 지닌 젊은 여성 고객을 보면 "미스코리아 해볼 생각이 없느냐?"라며 물었다.

물론 이런 일은 흔치 않았다. 나는 원장이 아니니 고객에게 그런 것을 물을 위치도 아니었다. 그리고 그 정도로 확신이 오는 고객도 흔치 않았다. 그럼에도 내 나름의 안목으로 확신이 오면 고객에게 그런 제안을 했고, 그들 중엔 세리 미용실에서 관리를

받은 후에 실제 미스코리아 지역 예선이나 본선에 당선된 사례
도 있다.

　사실 나의 이런 행동은 당시 세리 미용실의 원장님이자 '미스
코리아 대모'로 불리었던 L 원장님을 그대로 흉내 낸 것이었다.
그 시절 최고의 토탈 뷰티숍이었던 압구정 세리 미용실에 입사
하던 그 순간부터 나는 L 원장님을 나의 롤모델로 삼았다. 우아
하고 도도한 외모에서 풍기는 아우라도 감탄스러웠고, 수많은
직원을 낮은 목소리로 통솔하는 카리스마도 너무나 존경스러웠
다. 그래서인지 나는 그분의 모든 것을 흉내 내면서 미래의 나의
모습을 만들어갔다.
　미스코리아가 될만한 인물을 알아보고 L 원장님께 추천한다
고 해서 내게 금전적으로 이득이 되는 것은 전혀 없었다. 그저
내가 이곳의 주인이라면 어떤 마음일까를 상상하며, 주인의 마
음으로 일하다 보니 자연스럽게 L 원장님과 비슷한 행동까지 하
게 되었던 듯하다. 그런 주인된 마음으로 일했던 덕분인지 그곳
에서의 배움은 스펀지가 물을 흡수하듯이 빠르게 내 안에 쌓여
갔다.

고객이 직함을 만들어 준다

직업의 특성상 우리 회사에서 일하는 직원들은 단순히 '직원'의 의미만 갖는 것이 아니다. 후배이기도 하고 제자이기도 하고, 심지어 후계자이기도 하다. 대학이나 학원에서 뷰티 서비스를 배우는 학생들의 대부분이 창업을 목표로 한다. 취업하여 현장에서 몇 년 동안 꾸준히 일하며 기술을 단련하고 창업자금을 모으면 숍을 차려서 원장이 되려는 것이다.

함께 일했던 직원 중엔 창업의 목표를 이루어 피부관리실 원장이 된 이도 있고, 꿈을 이룰 준비를 차곡차곡 해나가는 이도 있다. 나의 애제자이자 후계자인 Y 부원장 역시 나를 롤모델로 정하고 나의 모든 것을 빠르게 배우고 흡수하고 있다. 70살이 되면 현업에서의 은퇴를 계획하고 있는 나는 매장을 이어갈 후계자를 찾고 있었는데, 7년이라는 긴 시간을 함께하면서 나는 Y가 적임자라는 판단을 했다.

Y는 우리 회사에 입사한 초기부터 일하는 태도가 남달랐다. 주어진 일을 야무지게 잘하는 것은 물론이고 별도로 지시하지 않아도 필요하다고 판단되는 일이면 먼저 찾아서 했다. 고객에게도 항상 웃는 얼굴로 친절하게 응대하고, 공감 능력도 뛰어나서 고객과의 유대감도 높았다.

마치 자신의 매장인 것처럼 주인의식을 가지고 일하다 보니 고객이 알아서 직함을 만들어 주는 재미있는 일까지 벌어졌다. Y가 일반 스텝 선생일 때 고객들은 그녀를 선생님이 아니라 실장님이라 불렀다. 그리고 실장으로 승진했을 때는 부원장인 줄 알고 부원장님이라고 불렀다. 항상 자신에게 주어진 일보다 더 한 것들을 알아서 척척 해내니 고객의 눈에 현재의 직급보다 훨씬 더 높은 권한과 책임이 있는 사람으로 보인 것이다.

계획대로라면 Y는 30살에 원장이 될 것이다. 수익은 물론이고 전문가로서의 사회적 인정과 존경까지, 일류대학을 나온 사람이 부러워할 정도의 알찬 성공을 거두는 것이다. 대학 졸업 후 8년을 한 우물을 파며 기술을 익히고 경영을 배운 덕분이다.

나는 Y가 스승인 나보다 더 큰 성장을 이루고 성공을 거둘 수 있도록 기술과 경영의 노하우는 물론이고 직원관리, 고객응대, 리더십 등 내가 가진 모든 것을 전수해주려 노력한다. 그리고 이 모든 것을 말로 가르치며 주입하기보다는 직접 실천하는 내 모습을 보여주며 스스로 깨닫고 느끼도록 이끌어준다.

얼마 전의 일이다. 숍에서 사용하는 세탁기가 갑자기 고장이 났다. 온종일 작동하다 보니 샵에서 사용하는 세탁기는 보통 5년이면 모터의 수명이 끝난다. 모터를 교체하면 비용이 조금은 더 줄겠지만 나는 몇년 후면 Y가 이어갈 숍이기에 기왕이면 이번 기회에 새로 바꿔주고 싶었다. 그리고 세탁기가 고장이 난 김에, Y에게 원장은 이럴 땐 어떻게 해야 하는지를 직접 보여주는 것도 좋겠단 생각이 들었다.

"원장님, 어떡해요? 세탁기가 배송되려면 5일은 족히 걸린다
는데…."

"뭘 어떡해요? 집에 가져가서 세탁해 와야지."

"헉! 이 많은 빨래를 어떻게 집에 가져가서 해와요? 그것도 5
일 동안이나."

"그럼 부원장님은 어떻게 했으면 좋겠어요?"

나는 Y의 생각이 궁금해서 일부러 모른 척하며 물어보았다.

"제가 셀프빨래방에 가져가서 세탁해오는 건 어떨까요?"

"그런 방법도 있군요. 그런데 셀프빨래방까지 이 빨래들을 어
떻게 옮기려구요?"

아직 승용차가 없는 Y였기에 결국 빨래를 셀프빨래방까지 옮
기는 것은 내 몫이었다. Y는 미처 거기까진 생각 못 했던지 다시
심각한 고민에 빠졌다.

"아, 그게 그러니까…."

"아휴, 걱정하지 마요. 빨래방까지 왔다 갔다 할 바엔 내가 집
으로 가져가서 해오는 게 더 낫지."

"그래도 너무 힘드시니까…."

내가 매일 산더미처럼 쌓인 빨래를 가져가서 세탁해올 것을
생각하니 Y는 괜스레 미안했던 모양이다. 그렇다고 차가 없으니
자신 있게 본인이 하겠다는 말도 못 한다. 나는 Y가 마치 본인의
일처럼 걱정하고 고민하는 모습이 너무나 기특했다.

"숍을 운영하다 보면 이런 일이 생길 수밖에 없어요. 그런데 이런 일은 직원들한테 시키면 안 돼요. 원장이 직접 들고 뛰어야 해요. 그게 리더고 주인이에요. 그리고 이런 건 힘든 게 아니에요. 몸이 좀 고되겠지만 며칠만 고생하면 되는 일이잖아요. 진짜 힘든 건 장사가 안되고 손님이 떠날 때, 정신과 마음이 힘들 때 진짜 힘든 거예요"

나는 Y에게 그 어떤 문제도 원장이 직접 해결하고 감당해야 한다는 마음으로 숍을 이끌어 나가야 함을 거듭 강조했다.

세탁기가 고장 난 덕분에 나는 Y의 주인의식을 거듭 확인할 수 있었고, 남은 시간 동안 최선을 다해 나의 모든 것을 그녀에게 전수해주리라 다짐했다.

창업을 목표로 한다면 취업하여 일을 배우는 기간에도 주인의 마음으로 매사에 최선을 다해야 한다. 당장은 성과가 회사에 돌아갈지 모르나 결국 그때의 경험은 오롯이 내 안에 남아 훗날 창업하고 오너가 됐을 때 진정한 가치를 발휘한다. 게다가 어떤 자리에 있든지 주인의 마음으로 일하고 생각하는 직원은 대표 또한 하나라도 더 챙겨주고 가르쳐주고 싶어진다. Y처럼 사업을 이어갈 각오로 배우는 경우라면 더더욱 오너는 자신의 모든 것을 전수해주려 한다. 특히 뷰티 서비스와 같은 기술서비스업은 그 특성상 도제식 교육이 가장 큰 효과를 내기에 더더욱 주인의식을 가지고 배우고 일하면 그 이상의 성과가 반드시 내 안에 쌓인다.

문제 안에 답이 있고
위기 속에 기회가 있다

'여자들의 예뻐지고 싶은 욕망은 끝이 없다'라는 말이 있다. 왜일까? 답은 끝없이 예뻐질 수 있기 때문이다. 이렇듯 모든 답은 문제 안에 있다.

코로나 시대에 접어들면서 나는 또 하나의 큰 문제와 만났다. 정부의 '거리두기' 정책에 따라 여러 명을 한 번에 받을 수가 없어 같은 시간대에 출입하는 고객의 수를 제한하다 보니 매출 또한 줄어들게 된 것이다.

코로나 위기가 쉽게 끝날 것 같지 않아 경영에 대한 고민에 빠졌다. 그런데 그 고민은 오래가지 않았다. 시대의 흐름을 파악하고 그 안에서 해결책을 찾았기 때문이다. 나는 코로나 위기로 인한 '거리두기'를 '여유롭게 힐링하기'로 재해석했다. 고객은 여러 사람이 한 공간에서 함께 관리를 받는 것보다 혼자 여유롭고 편안하게 관리받으니 그 만족감이 더욱 커졌다. 나 또한 마음의 여유를 가지며 고객 한분 한분께 더욱 집중해서 밀착 관리를 할 수 있었다. 매출에 대한 집착을 내려놓으니 이는 위기가 아닌 더없이 좋은 기회로 다가왔다.

나는 1:1 맞춤관리를 통해 고객의 얼굴과 체형 등 외적인 아름다움은 물론이고 몸속의 건강까지 밀착관리를 해주었다. 시간적인 여유가 생기니 그 어느 때보다 더욱 정성을 들이고 최선을 다해서 나의 모든 기술과 숨은 노하우까지 고객들에게 선보일 수 있었다. 게다가 이러한 1:1 맞춤관리와 밀착관리는 곧 선순환의 물결을 만들었다. 고객들의 만족도가 훨씬 높아지자 가족 단위나 지인 단위로 소개가 이어지면서 매출이 안정적으로 유지된 것이다. 작지만 큰 성과를 이뤄낸 셈이다.

현장에 답이 있다

인간관계이든 비즈니스이든, 우리 삶의 곳곳에서 발생하는 여러 문제는 대부분 그 안에 답이 있기 마련이다. 나는 열심히 일해서 돈을 버는 것은 잘하지만 돈을 모으는 것엔 젬병이었다. 사고 싶은 게 있으면 큰 고민 없이 지르고, 어딜 가도 내가 먼저 지갑을 여는 성격이라 지출의 규모가 큰 탓도 있었다. 그런데 어느 날부터 돈을 저축하기 시작했다.

내가 돈을 모으기 시작한 비법은 다름 아닌 '기록'과 '들여다보기'이다. 나는 회사에서 고객과 관련한 기록을 무척 꼼꼼하게 한다. 고객관리 노트에 그날그날의 변화와 특이점 등을 사진과 함께 세세하게 기록한다. 그리고 이렇게 기록해놓은 것을 수시로 들여다보면서 고객의 얼굴을 어떻게 디자인할 것인지 계획을 세운다. 이때 장기적인 큰 계획도 세우고, 목표 달성을 위한 단기적 계획도 세운다. 그냥 막연히 생각하는 것과 기록을 꼼꼼히 들여다보면서 답을 찾는 것은 확실히 그 결과가 다르다.

이런 평소 습관을 돈에도 적용해보기로 했다. 노트를 몇 권을 사서 가계부 노트, 카드사용 노트 등 돈과 관련된 장부 노트들을 따로 만들어서 관리하기 시작했다. 모든 지출을 세세하게 다 적고, 그것을 세심히 살펴보니 내 소비습관의 허술한 구멍들이 보이기 시작했다. 그렇게 발견된 허점들을 조금씩 고쳐가다 보니 언제부턴가 저축이 되고 돈이 쌓이기 시작했다.

돈을 모으려면 나의 수입과 소비를 세심히 살피며 그 안에서 답을 찾아야 한다. 일도 마찬가지다. 의사는 환자를 치료할 때 영상자료나 진료기록 등을 꼼꼼하게 살피면서 처방을 내린다. 요리사는 음식의 조리 과정과 맛을 세심히 점검하면서 더 나은 요리법을 개발한다. 얼굴 수기 디자인도 고객의 얼굴 사진을 계속 들여다보고 연구하면서 원하는 결과물을 만들기 위한 계획을 세우고 답을 찾아간다. 이렇듯 모든 문제는 그것을 직시하고 꼼꼼히 살펴야지만 해결점을 찾을 수 있다. 문제는 외면한 채 엉뚱한 곳에서 답을 찾으려니 답이 보이질 않는 것이다.

피부관리실이 늘어나니 기존에 숍을 운영하던 원장들은 경쟁이 치열해서 버티기 힘들다며 우는소리를 한다. 그러다가 결국 서비스 비용을 낮추는 단가 경쟁을 한다. 스스로 일의 품격을 떨어뜨리는 악수를 두는 것이다. 피부관리실이 늘어난다는 것은 그만큼 수요도 늘고 있다는 의미이다. 그러니 이는 위기가 아닌 기회로 보아야 한다. 이 기회를 내 것으로 만들려면 남들이 하지 않는 새로운 기술을 개발하고 현재의 기술을 계속해서 업그레이드하면 된다. 단순하고도 분명한 이 해법을 찾지 못하는 것은 그들이 문제의 본질을 외면한 채 늘어나는 피부관리실의 숫자에만 집착하기 때문이다.

문제를 직시하고 해결점을 찾으려면 원장이 반드시 현장에 있어야 한다. 남들이 갖지 못한 새로운 기술은 백화점이나 골프장에서 개발되는 것이 아니다. 매일 현장에 나가서 직접 고객을 서비스하면 저절로 기술이 쌓이고 새로운 기술의 아이디어도 탄생한다. 경쟁이 치열하다고 한탄만 하지 말고, 제 살 깎아먹기로 단가만 낮추지 말고, 직원들에게 맡겨두고 골프만 치지 말고 직접 현장을 지켜야 경영위기를 해결해줄 새로운 기술을 개발할 수 있다.

경영만 하는 원장은 현장에서 직접 모든 것을 다 하는 원장과 실력의 깊이가 다를 수밖에 없다. 제아무리 유명한 축구 선수도 실전에서 뛰지 않고 감독만 해서는 이전의 실력보다 더 나아질 수가 없다. 어제의 나를 뛰어넘는 내일의 실력은 오늘 열심히 현장에서 뛴 나의 땀과 경험으로 만들어진다.

매출 관리도 마찬가지다. 고객의 스케줄 노트를 꼼꼼히 살피고 고객명단을 수시로 살피다 보면 새롭게 매출을 창출할 곳들이 보인다. 예컨대 고객의 카드 할부가 끝나는 시점에 새로운 관리서비스를 추천할 수도 있고, 정기권을 끊어두고도 관리가 소홀한 고객에겐 안부 문자를 보내서 좀 더 자주 관리를 받을 수 있도록 유도할 수도 있다. 또 정기 회차의 관리가 모두 끝난 고객에겐 재등록을 유도하는 안부 문자도 보낼 수 있다.

매장 관리 역시 크게 다르지 않다. 직원들에게만 맡겨놓은 매장은 제아무리 야무지게 관리한다고 해도 여기저기 허점이 생기기 마련이다. 아무리 부원장이 있고, 실장들이 있다지만 그들은 결코 주인의 마음일 수 없다. 주인의식이 뛰어난 직원이 있을 수는 있으나 이 또한 주인과는 분명한 차이가 있다. 그래서 "이런 것도 놓치느냐"며 직원을 탓할 것이 아니라 대표가 직접 현장을 지키며 세세히 점검해야 한다.

현장에 있으면서 그 안을 집중해서 바라보면 문제가 보인다. 직원의 눈에 안 보이는 것도 주인의 눈에는 보인다. 직원 교육 중에 놓친 부분, 정리정돈 중에 놓친 부분, 고객을 위한 준비 중에 놓친 부분 등이 보인다. 그리고 실수로 빠트린 것이 아니라도 평소에 미처 보지 못했던 것들이 보일 때도 많다.

손님이 있든 없든, 일찍 끝나든 늦게 끝나든 늘 정해진 시간엔 그 안에 있어야 문제도 보이고 답도 찾아진다. 경기가 안 좋아서, 경쟁업체가 많이 들어서서 등 안 되는 이유를 외부에서만 찾으니 답이 보이질 않는 것이다. 경기가 안 좋아도, 경쟁업체가 많이 들어서도 잘 되는 곳은 여전히 잘된다. 그들은 문제의 원인을 내부에서 찾고 늘 부족함을 채우려 노력하기 때문이다.

문제를 문제로만 남겨두면 끝내 그 답을 찾지 못한다. 위기를 두려워하며 움츠리면 결국 그 앞에 무릎 꿇게 된다. 모두가 힘겨워하는 큰 위기가 와도 반드시 극복하겠다는 의지만 있다면 얼마든지 기회로 재해석해낼 수 있다. 아무리 어려운 문제라도 그것을 풀어낼 힘은 이미 내 안에 있다.

그게
최선입니까?

100에서 하나를 빼면 얼마일까? 산술적 계산으론 99가 답일 테지만 비즈니스에선 0이 되는 경우가 대부분이다. 99개를 잘하더라도 결정적인 하나가 부족해서 고객이 돌아서는 경우도 허다하다. 제품이나 서비스의 품질은 물론이고 매장의 청결 상태나 직원의 옷차림까지, 고객은 한 가지라도 마음에 들지 않으면 언제든 돌아설 준비를 하고 있다.

고객은 크고 대단한 잘못에만 돌아서는 것이 아니다. 작지만 절대 용납할 수 없는 한 가지가 고객의 마음을 돌아서게 할 수 있다. 제아무리 유명한 맛집이라도 얼룩덜룩하게 찌든 때가 앉은 테이블에서 밥을 먹는 것은 불쾌하기 짝이 없다. 머리를 긁적이던 손을 씻지도 않고 음식을 조리한다던가, 이가 빠진 그릇에 음식을 내온다면 다시 그곳을 찾을 사람이 얼마나 될까.

이렇듯 비즈니스에도 '깨진 유리창 이론'은 그대로 적용된다. '깨진 유리창 이론'은 깨진 유리창 하나를 수리하지 않고 그냥 두면 그 일대가 범죄 지역으로 변할 가능성이 커진다는 이론이다. 이 이론을 비즈니스에 적용하면, 한두 가지의 부족한 서비스나 실수가 결국 점포나 브랜드 전체의 이미지로 확산해 고객의 발길을 끊게 하는 결정적 요인이 된다는 것이다.

어지간한 서비스는 다 하고 있다고 자신하겠지만 고객의 시선에서 보면 개선되었으면 하는 것이 여전히 많다. 이는 고객이 까다로워서가 아니라 아직도 우리가 100을 온전히 채우지 못해서임을 알고, 깨진 유리창을 신속히 보수해야 한다. 고객은 그리 오래 기다려 주지 않는다.

고객은 불만을 표현하지 않는다, 그냥 떠난다

나는 자타공인의 살림꾼이다. 누가 가르쳐 준 것도 아닌데 손끝도 야무지고 일의 속도도 빠르다. 전업주부이던 때는 살림이 나의 일이니 당연히 그래야 한다고 생각했고, 바깥일을 하면서부터는 제한된 시간 안에 집안일을 해야 하니 그렇게 할 수밖에 없었다. 그런데 이런 살림꾼의 기질은 나의 일터인 피부관리숍에서도 그대로 드러난다.

현재 내가 운영 중인 매장은 같은 장소에서 17년을 이어오고 있다. 그런데 단골고객은 물론이고 신규고객들조차도 우리 샵이 그렇게 오래된 곳이라고 느낄 수 없을 정도로 깔끔하고 세련되다며 칭찬해준다. 처음 샵을 차릴 때부터 공간디자인과 인테리어에 정성을 들인 덕분이기도 하지만, 무엇보다 매일매일 미루지 않고 깔끔하게 관리한 이유가 크다. 또 매장의 청결과 정리정돈 외에도 서비스에 사용되는 비품 하나하나도 나름의 원칙을 두고 청결하고 위생적으로 관리한 결과이기도 하다.

직원을 모집하면서 면접을 볼 때도 나는 청소와 정리정돈을 잘하는지를 꼭 묻는다. 이런 내 질문에 누군가는 "나는 청소나 하려고 여기에 입사하려는 게 아니다"라고 말할지도 모른다. 그런데 청소는 단지 청소만을 의미하지 않는다. 어디에서 무슨 일을 하든 청소와 정리정돈은 기본이다. 이런 기본이 갖춰진 사람은 책임감과 섬세함이 뛰어나서 서비스 업종과 아주 잘 맞는다.

나의 경험에 비춰보면, 청소를 잘하는 사람은 대부분 부지런하고 일에 대한 열정도 높다. 자신이 생활하는 공간, 일하는 공간을 깨끗하게 청소하고 정리정돈하는 사람은 업무에서도 비슷한 태도를 보인다. 일머리도 좋고 똑소리 날 정도로 야무지며, 부지런하고 열정도 넘친다. 또 자신의 공간에 대한 애정만큼이나 자신의 삶과 일에 대한 애정도 크다.

이렇듯 기본적인 태도를 꼼꼼히 살피며 직원을 뽑으니 함께 일하는 모든 직원이 내가 정한 서비스의 원칙을 잘 이해하고 따른다. 몇 가지 사례를 들자면 다음과 같다. 우리 매장엔 휴지통이 없다. 피부관리실은 물론이고 병원, 커피숍 등 대부분의 매장이 큰 휴지통을 한두 개 갖다 놓고 그 안에 하루의 쓰레기를 모두 쌓아둔다. 그런데 우리 매장은 탈의실과 파우더 룸을 제외하고 보이는 곳에 절대 큰 휴지통을 두지 않는다. 우리는 관리에 필요한 비품을 담는 이동식 선반 안에 작은 휴지통을 두고 수시로 비우고 있다. 고객에게 관리서비스를 할 때 발생하는 티슈 등의 쓰레기를 이동식 선반에 고정된 작은 휴지통에 버린다. 그리고 관리가 끝나면 매번 창고의 큰 쓰레기통으로 옮겨 담은 후 작은 휴지통을 깨끗이 닦는다. 덕분에 모든 고객은 다른 고객이 남긴 쓰레기를 볼 일이 없고, 휴지통에서 나는 불쾌한 냄새를 맡지 않아도 된다.

고객이 사용한 수건과 가운도 다른 피부관리실에선 관리실 한쪽에 보란 듯이 쌓아두는 경우가 많다. 오늘 우리 숍에 이렇게 많은 고객이 다녀갔다는 것을 다른 고객에게 보여주기 위해서다. 다소 그럴듯해 보이는 아이디어지만 내 생각은 그들과 다르기에 절대 그렇게 하지 않는다.

굳이 사용한 가운을 쌓아두지 않아도 고객은 그 피부관리실이 얼마나 인기가 높은지를 이미 실력으로 안다. 그래서 우리는 고객이 사용한 수건과 가운, 침대 매트 등은 그때그때 수거해서 세탁실의 각 바구니에 담아둔다. 그리고 빨래도 한 번에 하려고 쌓아두지 않고 하루에 몇 번씩 세탁기를 돌리더라도 수시로 한다. 그래야 빨래가 세탁물 바구니 안에 오래 방치되지 않아도 되고, 깨끗하게 세탁도 된다.

어찌 보면 별것 아닌 작은 차이지만 그것들이 하나둘 모이면 결국 큰 차이를 만들고, 사업의 성패를 가르는 결정적 요인이 되기도 한다. 그러니 깨진 유리창은 물론이고 금이 간 유리창, 얼룩이 진 유리창까지도 꼼꼼히 살피며 미리미리 점검해야 한다. 한번 떠난 고객은 쉽게 돌아오지 않는다.

불만을 표현하지 않는다고 해서 만족하는 것은 아니다

피부관리실의 가운은 대부분 무겁고 끈끈하다. 왜 그럴까? 유분기가 있는 수건을 세탁했던 세탁기에 가운을 세탁하기 때문이다. 피부관리실에서 나오는 수건은 크게 두 종류이다. 하나는 얼굴이나 손을 씻고 물기를 닦는 수건이고, 또 하나는 마사지 크림을 닦는 따뜻한 수건이다. 우리 숍에서는 물만 닦은 수건을 '뽀송이', 유분을 닦은 수건을 '촉촉이'라고 부르며 아예 분리하여 관리한다.

세탁물을 담는 바구니도 다르고 세탁기도 다르다. 그리고 유분기 있는 촉촉이 수건은 항상 삶아서 유분기를 완전히 제거한다. 그런데 대부분의 숍이 수건을 한 바구니에 담고, 세탁도 한곳에 넣어서 한다. 설령 세탁을 따로 하더라도 같은 세탁기를 사용한다면 세탁기 안의 유분이 결국 뽀송이 수건에도 옮겨가고, 가운이나 이불 등에도 묻어서 끈끈하고 무거워지게 만든다.

그렇다면 이렇듯 무겁고 끈끈한 가운과 이불에 대해 고객은 왜 불만을 표현하지 않을까? 개중에는 원래 그런 것이려니 하는 고객도 있다. 그런데 대부분은 세탁을 잘못해서 그렇다는 것을 안다. 그럼에도 직접 불만을 표현하지 않는 것은 "왜 이렇게 가운이 무겁고 끈끈해요?"라고 불만을 표현하는 순간부터 서로가 불편해진다는 것을 알기 때문이다. 그래서 용기 있는 누군가가 나서서 불만을 표현해 주길 기다리거나, 그도 안되면 조용히 침묵하다가 조용히 떠나는 것이다.

조사에 의하면 불만이 있는 고객 가운데 5% 정도만 기업을 상대로 의견을 적극적으로 밝힌다고 한다. 나머지 95%는 묵묵히 참으며 개선되길 기다리다가 더는 참을 수 없다는 판단이 서면 조용히 떠나버린다. 기업으로선 차라리 대놓고 말해주는 고객이 은인인 셈이다.

고객이 이런 불편함을 직접 말하지 않는다고 해서 모른 척하며 쉽고 편한 방법만 찾으면 안 된다. 고객은 내 집 살림이 아니니 왜 수건이 끈끈하냐, 가운이 무겁냐고 따져 묻기가 번거로워서 불쾌해도 참고 있다. 조금만 더 부지런하고 세심하면 미리 이런 불편함을 제거할 수 있고, 말없이 떠나는 고객을 잡을 수 있다.

나는 가운이나 이불, 침대에 까는 큰 패드 등은 아예 집으로 가져가서 세탁한다. 건조기에서 말린 후에도 햇볕과 바람이 잘 통하는 베란다에서 널어 항상 뽀송뽀송하게 유지한다. 다소 번거롭긴 하지만 고객이 쾌적한 촉감의 가운과 이불, 패드에 만족하는 모습을 보면 힘든 줄도 모르고 즐거운 마음으로 하게 된다.

사실 요즘은 예전과 비교해 많이 수월해진 편이다. 예전에는 숍에서 나오는 수건을 몽땅 집으로 가져와서 세탁하고 삶고 말려서 다시 가져갔다. 샵에서 '뽀송이'와 '촉촉이'를 분리하여 관리하고 세탁한다고 해도 당시엔 세탁기에 삶는 기능이 없다 보니 토요일 퇴근길에 숍의 수건을 몽땅 챙겨와서 일요일에 남편과 함께 아침 일찍부터 세탁을 한다.

베란다에 큰 대야를 두고 손으로 직접 세탁하며 1차로 유분과 오염을 제거한다. 그리곤 거실베란다 한 가운데 휴대용가스버너를 놓곤 큰 솥을 올려 수건을 폭폭 삶는다. 수건의 양이 많다 보니 이런 과정이 몇 번이나 반복된다. 수건이 다 삶아지면 다시 베란다로 가져와 빨래판을 두고 손으로 하나하나 비비면서 세탁한다. 그리곤 세제가 완전히 제거될 때까지 흐르는 물에 몇 번이고 헹궈준다. 이 모든 과정을 거치고 나서야 비로소 세탁기 안으로 들어가 몇 번의 헹굼을 더한 뒤에 탈수를 마친다.

베란다에 한 줄로 쭉 늘어선 수건이 한낮의 강렬한 햇볕과 시원한 바람을 맞으며 뽀송뽀송 마르는 모습을 보노라면 지난 일주일의 피로가 모두 날아가는 듯 몸이 개운해졌다. 저녁이면 건조된 수건과 가운 등을 예쁘게 개어서 깨끗한 상자에 넣는데, 가운은 아예 반듯하게 다림질까지 한다. 당시는 가운이 면으로 된 것이라 다림질을 하면 더 뽀송해지고 주름도 없이 반듯해졌는데, 그 과정에서 나는 늘 '고객에게 최선을 다하겠다'라던 초심을 되새겼다.

유일한 휴일인 일요일 하루를 내도록 빨래를 하면서 보내지만 피곤하기는커녕 몸도 마음도 더 개운하고 행복해졌다. 수건 하나, 가운 하나에도 좋아하고 만족해할 고객의 모습을 떠올리니 행복한 미소가 절로 나왔다. 또 무엇보다 손이 발갛게 변할 정도로 열심히 손빨래를 해주는 남편의 모습에 감사함을 넘어 감동까지 느껴지니 이보다 더 특별한 데이트가 또 있을까 싶었다.

"여기는 수건 하나까지 너무나 청결한 것 같아요. 가운도 가볍고 뽀송뽀송해서 입을 때 느낌이 정말 좋아요."

당연한 것에 칭찬하고 좋아하는 고객의 모습을 볼 때면 감사한 마음도 크지만, 한편으론 왜 다른 업체는 이런 기본조차 지키지 않는지 의아하고 답답한 마음이 들기도 한다. 안타까운 마음에 이런 노하우들을 가르쳐줘도 다들 별스럽지 않게 여기며 아예 실행하지 않는다. 그 사소한 것에 무슨 그리 큰 결과의 차이가 있겠느냐며 하찮게 보거나, 설령 필요를 느낀다고 해도 힘들어서 귀찮아서 안 한다. 오죽하면 중화요리의 대가인 이연복 셰프가 자신만의 레시피를 망설임 없이 공개하면서 "레시피를 다 가르쳐줘도 사람들은 게을러서 안 한다."라는 말을 했을까.

피부관리와 수기경락이라는, 평생의 업으로 삼아도 좋을 우수한 기술을 가지고도 많은 원장이 도태되고 사라진다. 코로나 때문에, 김장철이라서, 5월엔 가정의 달이라 돈이 많이 나가서 등등 매번 안되는 것에 대한 핑계만 대다가 어느 순간 다들 폐업하곤 홀연히 사라진다. 여기에 대한 답 역시 "과연 최선을 다하고 있는가?"라는 질문에서 찾을 수 있을 것이다.

모두가 성공을 바라지만 아이러니하게도 많은 사람이 '최선'을 아끼는 경향이 있다. 큰 힘이 드는 일도 아니고 어려운 일도 아니다. 대신 조금만 더 세심하고 부지런하게 살피면 고객의 마음을 상하게 할 요소들을 없앨 수 있다. 그런데 이런 사소하지만 섬세한 요소를 무시하다가 결국 오던 손님도 발길을 끊고, 신규 고객도 찾지 않는 상황과 맞닥뜨리게 된다. 서비스업은 입소문 효과가 큰데 기존 고객이 만족을 못 하니 입소문이 날 리가 없다.

경쟁업체가 넘쳐나는 시대에 더는 품질만 좋으면 된다, 가격만 싸면 된다는 배짱으로 버티기 힘들다. 요즘은 그만한 품질과 가격은 금세 따라잡는 세상이다. 고객의 마음이 상하는 결정적 포인트는 의외로 사소한, 그러나 매우 섬세한 곳에 있다.

그 많던 피부관리실은
다 어디로 갔을까?

불과 10여 년 전까지만 해도 동네 미용실은 아주머니들의 사랑방으로 통했다. 굳이 머리 손질을 하지 않더라도 삼삼오오 모여서 부침개도 부쳐 먹고, 이런 얘기 저런 얘기를 나누며 친목을 다졌다. 미용실 원장은 그들 모두가 고객인데다, 일단 점포 안에 사람이 많으면 장사가 잘되는 집으로 보이는 효과도 있기에 딱히 마다할 이유가 없었다.

그런데 어쩐 일인지 그렇게 친구처럼 지내던 사람들이 사이가 틀어지고 하나둘 발길을 끊는 모습도 어렵지 않게 보게 된다. 심지어 단골의 발길이 끊어진 미용실은 주인이 바뀌거나 문을 닫는 일도 생긴다. 말이 많은 곳은 탈도 많다고, 미용실이 소위 말하는 우리 동네 'X파일'의 온상지가 되기 때문이다.

동네 아주머니들 여럿이 모이면 남편이나 시댁 식구 험담, 심지어 이웃에 떠도는 이런저런 소문을 나누며 이야기꽃을 피우는데, 문제는 그 이야기가 미용실 문밖을 넘어가 더 크게 퍼져간다는 것이다. 특히 본의 아니게 가장 많은 정보를 가지게 되는 미용실 원장이 손님들에게 소문을 옮기면 그 여파는 더욱 커진다. 게다가 미용실에 모여앉아 신나게 남의 이야기를 하던 사람들조차 불쾌함을 느끼는 상황이 된다. "혹시 내가 없을 때 나와 관련한 이야기도 이렇게 남들에게 옮기는 것이 아닌가?"라는 의심이 드는 것이다.

다행히 미용실이 점점 예약제로 바뀌고, 동네 골목까지 작은 카페들이 들어서면서 아주머니들의 사랑방도 옮겨갔다. 덕분에 동네 미용실은 수다 대신 음악이 잔잔하게 흐르고 부침개 대신 차와 음료가 서비스된다. 선을 넘는 지나친 친목이 사라지자 동네 미용실은 비로소 헤어숍으로 격상되며 품위를 찾은 듯하다.

넘아, 그 선을 넘지 마오!

사실 이런 일은 비단 동네 미용실만의 문제는 아니다. 대표적인 에스테틱 숍 중의 하나인 피부관리실도 선을 지키지 못하면 한순간 동네 사랑방으로 전락한다. 마사지를 받는 고객들끼리의 수다도 수다이지만, 직원이 고객과 친해지고 싶다는 의욕이 넘친 나머지 해도 되는 말과 하지 말아야 할 말을 구분하지 못해서 고객의 마음을 불편하게 하는 경우도 많다.

우리 숍에서 오래 근무한 직원들은 실력도 좋은 데다 총명해서 고객을 대하는 센스도 좋다. 그런데 고객과 대화하는 것을 보면 아슬아슬할 때가 종종 있다. 요즘은 친구나 이웃의 소개로 오는 고객들이 대부분인데, 그들이 각각 하는 말은 서로에게 옮기지 말아야 한다. 그런데 직원 중에는 고객과 좀 더 빨리 친해지기 위해 "그때 그랬다면서요?"라며 들은 말을 그대로 옮기는 경우가 더러 있다.

하루는 이런 일도 있었다. 단골인 A가 친구 B를 데려와 둘 다 우리 숍에서 관리를 받는 고객이 됐다. 하루는 B가 친구들과 관련한 이야기를 하다가 A가 춤을 추는 걸 무척 좋아한다는 이야기를 했다. 그런데 며칠 뒤 A가 관리를 받으러 왔을 때 직원이 평소처럼 이런저런 얘기를 건네다가 "춤을 추는 걸 좋아하신다면서요?"라고 물었다. 그러자 A가 "뭐야, 걔는 왜 내 얘기를 하고 다녀요? 누가 들으면 완전 춤꾼인 줄 알겠네!"라며 버럭 화를 냈다. 직원은 그제야 자신의 실수를 깨달았으나 이미 때는 늦었다. 친구 사이에 의리가 상했을 뿐만 아니라 자신의 치부라도 들킨 듯 불쾌했는지 이후 A의 발길도 뜸해졌다. 괜한 말 한마디로 친구의 우정도 깨지고, 오랜 단골도 잃었다.

또 한번은 이런 일도 있었다. 단골이 딸을 데리고 와서 회원권을 끊어주었다. 시간이 맞지 않아 관리를 받을 때 서로 따로 오는데, 딸이 수다스러울 정도로 말을 많이 하는 밝은 성격이었다. 그런데 정작 엄마는 "아휴, 우리 애는 너무 말수가 없어, 너무 과묵해."라며, 자신의 딸이 말수가 적다고 알고 있었다. 물론 나름의 이유는 있었다. 딸은 엄마가 지나치게 자신을 걱정해서 집에선 말을 잘 안 한다고 했다.

여기까지는 고객이 각자의 사정을 들려주는 것이니 우리는 "아, 그래요? 나도 그럴 때가 있어요."와 같이 진심으로 공감하고 호응해주면 된다. 그런데 그 선을 넘어버리면 그때부터 문제가 생기고, 때론 걷잡을 수 없을 정도로 커지기도 한다. 그런데 직원이 딸에게 들은 말을 눈치 없이 엄마에게 전해 버렸다. "따님이 우리랑 있으면 얘기 엄청 많이 해요. 집에선 엄마가 걱정을 너무 많이 하는 성격이시라 얘기를 잘 안 하게 된대요."라고 말한 것이다. 순간, 나는 직원의 입을 틀어막고 싶었으나 이미 한 발 늦은 상황이었다. 고객의 표정이 심각할 정도로 굳어진 것이다. 딸이 엄마인 자신보다 남에게 더 솔직한 모습을 보여준 것이 얼마나 서운했겠는가.

이렇듯 생각 없이 내뱉은 한 마디가 친구의 우정에 흠집을 내고, 엄마의 가슴에 딸에 대한 서운함을 남기게 된다. 직원 교육을 할 때 이런 부분들을 미리 일러두지만, 막상 고객과 이야기를 나누다 보면 어느 선에서 멈춰야 할지가 느껴지지 않는 경우가 많다.

고객과의 감성적 스킨십이 많은 서비스 업종은 실력은 물론이고 센스도 기본적으로 갖춰야 할 중요한 자질이다. 즉 실력이 좋고 고객 응대 센스도 좋으면 가격이 조금 비싸도 만족도가 높아서 단골이 많이 확보된다. 그런데 실력이 좋아도 직원의 말이나 태도에서 마음이 상하면 한 번에 뒤돌아서는 것도 서비스 업종의 특징이다.

특히 헤어나 피부관리, 네일아트와 같은 뷰티 서비스 업종은 단골과 사적인 얘기를 많이 나누는 편인데, 이때 고객의 이야기에 귀는 열되 입은 야무지게 잘 닫아야 한다. 알아도 모른 척, 들어도 못 들은 척하는 지혜가 필요하다. 특히 앞선 사례들처럼 고객들끼리 지인 관계인 사람들의 말을 옮기거나 아는 척을 하는 것은 더더욱 조심해야 한다. 그들의 관계를 망치게 할 뿐더러 한 번에 여러 명의 고객을 잃기도 한다.

처음 한두 번은 참아주겠지만 계속 눈치 없이 선을 넘으면 고객은 그냥 발길을 돌려버린다. 앞서 말했듯이, 고객 중엔 의외로 대놓고 불만을 이야기하는 경우가 드물다. 말해봤자 서로 마음만 상하니 다른 핑계를 대며 그냥 조용히 이탈하는 것이다. 그러니 하나둘 손님 끊어져도 그 이유도 모른 채 계속 실수를 반복하는 것이다.

피부관리실 중엔 기술이 좋은데도 이상하게 손님이 점점 줄어서 결국엔 문을 닫는 곳이 더러 있다. 그런 곳은 원장이든 직원이든 고객과의 관계에서 선을 지키지 못하고, 할 말과 안 할 말을 가리는 눈치가 없어서 그런 경우가 많다. 고객과 아무리 친구나 가족처럼 친근하게 지낸다고 해도 고객은 고객이다. 친밀감을 쌓는 것도 좋으나 제품이나 서비스를 사고파는 공적인 관계로 만난 만큼 관계에 있어 '선'을 지켜야 한다는 것을 잊으면 안 된다.

취향까지
맞춤형으로 관리하라

방문 피부관리로 1년, 동네 미용실의 숍인숍 피부관리실에서 2년의 경력을 쌓은 나는 과감히 우물 밖으로 향했다. 집을 담보로 대출까지 받아서 강남 개포동에 40평이 넘는, 넓고 세련된 숍을 인수한 것이다. 오픈 첫날에 우아하게 클래식 음악을 틀어놓고 원장실에 앉아 차를 마시는데, 여기가 딱 내 자리인 듯이 편안하고 좋았다. 그런데 그것은 나만의 착각이자 오만이었다.

우물 안에만 있던 개구리가 세상 밖으로 나온다고 해서 일순간에 세상을 보는 안목이 생기고 경쟁에서 이길만한 실력이 샘솟는 것은 아니다. 넓고 새로운 세상은 그에 맞는 안목과 실력을 쌓는 충분한 시간과 경험이 필요하다. 직원들까지 두고 숍을 운영했지만 나는 전문가라고 하기엔 많이 부족한 실력이었다. 학

원에서의 배움, 그리고 지난 3년간의 현장 경험을 살려서 최선을
다해 일했으나 스스로 만족할만한 실력이 쌓이려면 더 많은 시
간과 경험이 필요했다.

나는 열심히 실력을 쌓는 것과는 별개로 고객 응대에도 최선
을 다하려 노력했다. 이전과는 비교도 안 될 정도의 규모와 시설
을 갖췄으나 여전히 변하지 않는 것이 있었다. 사업의 규모가 어
떠하든 언제나 고객과 나는 1대 1의 관계라는 점이다. 하루에 10
명의 고객을 응대하든 100명의 고객을 응대하든, 매 순간 내 눈
앞에 있는 고객에게 온전히 집중해야 비로소 고객 만족을 이끌
수 있다.

사소하지만 섬세한, 진심이 담긴 서비스

전문가로서의 실력을 쌓는 것은 시간의 힘이 필요한 일이다.
그런데 다행히도 고객에게 진심으로 서비스하는 것은 당장이라
도 할 수 있는 일이다. 그 어떤 기술이나 기교도 아닌, 순수한 진
심만 있으면 된다. 나는 누가 뭐라 하지 않아도 서비스 하나하나
에 감사와 진심을 담아 고객을 응대했다. 나를 믿고, 내 실력을
믿고 찾아주는 고객이니 얼마나 반갑고 고마웠겠는가.

개포동은 학군 좋기로 유명한 지역이었는데, 그래서인지 고객 중엔 여교사들도 많았다. 그 중엔 퇴근 후에 테니스를 치고 숍으로 곧장 오는 고객도 제법 있었다. 그 시절에 테니스는 요즘의 골프처럼 인기 있는 스포츠라 여성들도 많이 즐겼는데, 테니스복 차림의 고객 중엔 매번 티셔츠의 깃을 바짝 세우고 오는 분이 더러 있었다. 나는 그분들을 눈여겨보았다가 관리를 마치고 숍을 나갈 때 다시 셔츠 깃을 올려드렸다. 그때마다 고객은 "어머, 센스쟁이!"라며 나를 칭찬해줬다.

이렇듯 나는 고객 한 분 한 분의 스타일과 취향까지 기억해두었다가 세심한 서비스로 만족감을 주려 노력했다. 고객이 피부 관리를 받다가 "어머, 이 음악 편안하고 너무 좋다!"라고 혼잣말을 하는 것을 기억해두었다가 다음에 그 고객이 오면 그 음악을 꼭 틀어줬다. 내가 눈썰미가 좋고, 기억력이 좋아서 그랬을까? 결코 아니다. 눈썰미가 좋고 기억력이 좋아도 마음이 없으면 안 보인다. 고객이 옷깃을 올렸는지 내렸는지 신경 쓸 이유도 없고, 좋아하는 음악은 집에 가서 실컷 들으라며 무시해도 된다. 그러나 애정과 진심으로 고객을 바라보면 다 보이고 다 들린다.

고객 중에 딸이 라디오 방송의 DJ를 하는 분이 있었는데, 그 고객이 오면 나는 꼭 그 방송을 틀어서 모든 고객이 같이 들을 수 있도록 했다. 그 외에도 고객들 모두 일일이 어깨를 감싸며 엘리베이터까지 배웅하고, 마지막엔 반드시 눈을 맞추고 웃으며 감사의 인사를 했다.

이후 30년의 세월이 흐르는 동안 우리의 고객서비스는 더욱 전문적이고 섬세해졌다. 특히 예약제로 운영하면서 고객 한 분한 분께 맞춤형 준비를 해드릴 수 있게 되었다. 예를 들면, 스킨케어를 받기 전에 반드시 세안해야 하는데, 이때 고객마다 필요한 클렌징용품이 다르다. 늘 퇴근길에 관리를 받으러 오는 고객은 대부분 아이라인이나 마스카라 등 풀메이크업으로 온다. 이런 고객은 세안실에 기본적인 클렌징제품 외에도 아이리무버, 립리무버도 함께 준비해둔다. 또 고객 중엔 세안할 때 꼭 가글을 하는 분도 있는데, 이분들을 위해 가글액를 준비해둔다.

고객이 바라는 것은 거창하고 대단한 것이 아니다. 나를 기억해주고 특별하게 생각해준다는 느낌, 나를 수많은 고객 중에 한 사람이 아닌, '나'로 기억해주는 것, 그것이면 충분하다. 재방문한 식당에서 고객용 쿠폰에 방문도장을 찍어주는 것도 좋지만, "또 오셨네요."라며 웃으며 인사해주고, "배추겉절이 좋아하셔서 듬뿍 담았어요. 혹시 모자라면 말씀 주세요."라며 나만을 위한 말 한마디, 정성 한 움큼을 주는 것이 더 고맙고 반갑다.

고객은 자신을 기억해주고 맞춤형 서비스를 해주는 것만으로도 우리에게 1점을 더 얹어준다. 이런 1점들이 차곡차곡 모여서 고객 만족이 되고 고객 감동이 된다.

진심은 힘이 세다

고객 만족의 중요성이 커지면서 탁월한 고객서비스로 고객의 사랑을 받는 기업이 늘고 있다. 그중에서 특히 미국의 온라인 신발판매 업체인 자포스는 만족을 넘어 감동의 고객서비스를 제공하는 기업으로 유명하다.

자포스는 고객 4명 중 3명이 재구매고객이다. 물론 그 중엔 단골과 충성고객도 많다. 게다가 매해 성장률도 100% 이상씩 달성하고 있다. 세계 최대 인터넷 쇼핑 플랫폼인 아마존은 지난 2009년에 자포스를 12억 달러에 인수했다. 각 분야를 대표할 만한 쇼핑몰들을 최대 3억 달러에 인수한 것과 비교할 때 파격적인 결정이 아닐 수 없다.

아마존이 이렇듯 큰돈을 들여 자포스를 인수한 것은 다름 아닌 고객서비스 때문이다. 도대체 어떻게 하면 75%의 고객이 재구매를 하게 만드는지, 고객 만족을 넘어 고객 감동을 이끄는 자포스의 고객서비스의 노하우가 욕심나고 궁금했다.

자포스는 그들 스스로 신발 판매 회사가 아닌 서비스 회사라고 생각할 정도로 고객서비스를 무척 중요하게 생각했다. 어느 온라인쇼핑몰처럼 자포스도 고객과의 소통을 주로 콜센터가 담당한다. 그런데 자포스의 콜센터에는 고객 응대 매뉴얼이 없다. 직원들은 자신의 스타일대로 고객을 응대할 수 있고, 고객 불만의 해결방안도 상당 부분 자신이 선택하고 판단할 수 있다. 단 어떤 이야기를 나누고 결정하든 오로지 고객을 위하는 마음이 바탕에 있어야 한다. 예를 들어, 자포스에서 판매하지 않는 신발을 고객이 찾을 땐 다른 회사를 모두 뒤져서라도 그 신발을 꼭 찾아준다. 심지어 신발과 관련 없는 고객의 문의도 정성껏 들어주고 최선을 다해 답해준다. 한 명의 고객을 오랜 시간 응대해도 괜찮고, 신발을 못 팔아도 상관없다. 자포스 콜센터 직원의 목적은 오직 고객 만족, 고객 감동에 있다.

공장에서 대량 생산된 기성품도 자포스처럼 정성스러운 고객 서비스가 입혀지면 명품으로 승화된다. 세상에 하나밖에 없는, 나만을 위한 맞춤형 서비스를 받으며 구매한 제품이니 그 가치와 만족감이 오죽할까.

좋은 품질, 싼 가격만으로 소비자의 마음을 사로잡던 시대는 끝났다. 요즘처럼 기업과 자영업자가 넘쳐나는 시대에 품질 좋고 가격이 싼 곳은 그리 어렵지 않게 찾을 수 있다. 품질과 가격이 주는 만족이 기본이 된 시대에 승부를 걸 곳은 서비스밖에 없다. 특히 감성적 만족이 점점 더 중요해지는 요즘은 제아무리 품질이 좋고 가격이 싸도 서비스가 만족스럽지 못하면 재구매로 이어지기 힘들다. 나 역시 소문난 맛집도 주인과 직원이 거칠고 무례하다면 두 번은 안 간다. 한 번 왔던 손님을 다시 오게 하고, 아예 단골로 눌러 앉히는 비법은 품질과 가격이라는 기본을 지키되 고객을 만족하게 하고 나아가 감동하게 하는 정성스러운 서비스이다.

"도대체 어떻게 해야 고객을 만족하고 감동하게 할 수 있을까?"라며 고민하고 궁리하지만 사실 답은 간단하다. 서비스에 진심을 담으면 된다. 비 오는 날에 매장에 들어섰는데, 직원이 "어깨가 젖으셨네요."라며 건네주는 작은 수건 하나, 유모차를 밀고 오는 나를 위해 얼른 달려와 문을 열어주는 사소한 친절이 전하는 만족과 감동은 생각보다 훨씬 더 힘이 세다. 고객의 작은 불편함과 필요까지 찾아내는 섬세한 눈은 진심이 아니고는 결코 가질 수 없는 능력이기 때문이다.

PART5

스무 살의 열정,
내 마음의 불꽃을 유지하라

일단 지르고
보자!

돈을 아끼느라 허리띠를 졸라매며 사는 게 싫어서 일을 시작했다. 하고 싶은 것, 갖고 싶은 것이 많은데 자꾸 참아라, 기다리라고 하니 왜 그래야 하는지 선뜻 이해가 안 됐다. 실제로 직접 돈을 벌기 시작하면서 나는 절약이라는 이유로 그것들을 '나중'으로 미뤄두지 않았다. 어차피 돈을 벌고 모으는 이유가 하고 싶은 것, 갖고 싶은 것을 하기 위해서인데 순서를 바꾼다 한들 무슨 문제가 있을까.

"일단 지르고 보자! 그리고 내 선택에 책임지기 위해 내 열정을 끌어올리자!"

나의 경우, 선저축 후소비라는 순서를 선소비 후책임으로 바꾸면 오히려 '책임'을 져야 한다는 생각에 더 열심히 일하게 된다. 그러니 몇 번을 거듭 생각해도 꼭 가지고 싶고 하고 싶다는 판단이 서면 지금 당장 그것을 하고, 그만큼의 돈을 또 벌었다. 더군다나 소비의 만족감이 큰 것일수록 고민의 시간도 줄어든다. 빨리 지를수록 더 이득이란 것을 경험을 통해 알게 된 것이다.

열심히 일한 덕분에 값비싼 명품까지는 아니더라도 주말마다 맛있는 음식을 먹고, 계절이 바뀌면 가족들의 옷을 장만하는 정도는 얼마든지 할 수 있게 됐다. 우연히 들른 백화점에서 마음에 쏙 드는 옷을 발견하면 가격이 비싸도 산다. 충동구매란 생각이 들 때도 있지만 그러면 또 어떤가. 그 옷을 입고 신이 나서 더 열심히 일할 것을 알기에 나는 큰 고민 없이 카드를 내민다. 그리고 열심히 일해서 카드값을 메운다.

완벽한 때란 없다, 일단 지른 후에 책임지자

"엄마, 나 유학 가고 싶어요!"

딸아이가 중학교에 들어가자 갑자기 유학을 가고 싶단 말을 했다. 평소 생각이 깊고 신중한 아이인지라 이미 제 나름의 계획이 세워져 있었다. 아직 부모의 보호가 필요한 나이인데 멀리 타국에 홀로 떼어놓는다는 게 마음이 아팠지만 나는 반대하지 않았다.

나도 어릴 때 탤런트, 성우, 패션디자이너 등 많은 꿈을 품었다. 그런데 그 무엇도 이루지 못한 것은 결국 그 어떤 시도도 하지 않았기 때문이다. 그에 대한 보상심리 때문인지 나는 내 아이들만큼은 하고 싶은 것은 모두 해볼 수 있게 응원하고 지원해주고 싶었다. 더군다나 일하는 엄마를 둔 탓에 아이들은 유치원 때부터 많은 것을 부모에게 양보하고 배려해야 했다. 그에 대한 보상도 충분히 해주고 싶었다.

아이가 원하는 대로 해주고 싶단 마음과는 별개로 현실은 '돈'에 대한 고민이 따랐다. 유학비용이 한두 푼도 아닌 데다 당시가 외환위기로 나라 전체가 무척 힘든 시기였다. 나라고 별다르진 않았다. 단골들 덕분에 매출이 제법 안정적으로 유지되고 있었으나 아이를 돈 걱정 없이 여유롭게 유학 보낼 정도는 아니었다. 그럼에도 나는 망설임 없이 아이의 유학을 결정했다.

흔히 자녀를 유학 보내려면 형편이 아주 좋거나 돈이 미리 준비되어야 가능하다고 생각한다. 그런데 나는 유학을 보내기로 판단했다면 일단 보내놓고 돈은 그때부터 마련해나간다. 아이가 외국에서 공부하는 동안 내가 이곳에서 더 열심히 일해서 돈을 마련하면 되니 크게 고민할 이유가 없다. 실제로 아이가 외국에서 지내면서 중학교 과정부터 대학 과정까지를 모두 마치는 동안 나는 부지런히 벌어서 유학자금을 보내줬다. 나는 나 자신에게 무리한 약속을 하고, 그것에 올인해서 목표를 이루어냈다.

힘들다는 생각보단 내가 더 열심히 일해야 하는 이유가 생긴 것에 감사했다. 과감하게 저질렀으니 이제 책임만 지면 된다는 각오로, 고객에서 더욱 집중해서 최선의 서비스를 하고, 즐겁고 행복하게 일할 수 있도록 스트레스를 관리하고, 새로운 기술을 연구하는 등 최선을 다해 내 안의 열정을 끌어냈다.

내가 원해서 하는 일이고 좋아하는 일이지만 수십 년째 같은 일을 하다 보니 가끔은 슬럼프가 오기도 한다. 그때도 나는 '선지름 후책임'의 소비로 이를 극복한다. 내 안의 열정을 새롭게 끌어내 보려 일부러 제법 규모 있는 소비를 하며 스스로 부담을 만들어내는 것이다.

분당으로 숍을 이전한 후 있던 집을 정리하고 은행 대출을 받아 아파트를 사기로 했다. 여윳돈이 있었던 것은 아니었지만 나는 남편에게 단돈 10원도 보태지 말라고 했다. 내가 벌어서 대출금을 갚아볼 테니 당신은 지켜보면서 격려하고 칭찬만 해달라고 했다.

아파트를 사놓고는 분당에서 가장 크고 유명한 가구점에 들러 소파, 장롱, 장식장, 식탁, 침대 등 모든 가구를 최고급 라인으로 주문했다. 가전제품도 마찬가지다. 냉장고, 세탁기, 에어컨 등을 가장 비싸고 좋은 것으로 주문했다.

"어머 어머, 이 소파 좀 봐. 이거 수입 소가죽 같은데, 도대체 얼마짜리야?"

"난 이 식탁이 제일 마음에 들어요."

"이 냉장고는 가장 최근에 출시된 신상이네?"

새집으로 이사를 들어가던 날에 가까운 지인들을 초대해놓곤 가구와 가전들이 줄줄이 들어오는 것을 직접 구경시켰다. 다소 유치한 행동이긴 했으나 그만큼 인정받고 싶은 마음이 컸다. 예상대로 지인들은 "집도 사고 가구와 가전도 이렇게 크고 좋은 것으로 다 바꿨느냐?"며 부러움의 눈길을 보냈다.

집도 일부분은 대출을 받아 구매했고, 가구와 가전도 모두 카드 할부로 구매한 것이니 어찌 보면 온전히 내 것도 아니었다. 그래도 나는 내가 대견하고 자랑스러웠다. 그리고 당당했다. 어차피 매달 돈을 벌어서 차곡차곡 갚아나갈 테니 시간이 지나면 온전히 내 것이 될 것들이었다. 게다가 미리 내 것으로 만들어놓고, 그것들이 주는 편안함과 만족감을 만끽하며 일하면 열정도 더 많이 샘솟는다.

물론 소비와 관련한 가치관이나 성향은 개인마다 다를 수 있기에 나의 방식이 반드시 옳다고 말할 수는 없다. 돈이 다 마련된 뒤에 소비해야 마음이 편한 사람도 있고, 갖고 싶은 것이 있어도 최대한 욕구를 억누르며 절약하는 것이 행복한 사람도 있다. 나의 경우엔 먼저 일을 저질러놓고 책임이라는 명목으로 열정을 끌어올리는 방식이 훨씬 효과적이다. 그게 뭐든 각자의 기준에 맞춰 가장 현명한 선택을 하면 된다. 대신, 하고 싶은 일에 대한 도전만큼은 여건이 갖춰질 때까지 기다리기보다는 일단 지르고 난 뒤 여건을 갖춰가는 것도 좋다. 내가 빚까지 얻어서 개포동 숍을 차린 것도 그런 의미에서다.

출발하지 않으면 어디도 갈 수 없다. 목적한 그곳에 가려면 일단 출발부터 해야 한다. 도전하기에 딱 좋은, 완벽한 여건을 갖추기란 생각보다 어렵다. 오랜 시간이 걸릴 수도 있고 영영 오지 않을 수도 있다. 게다가 배움이나 진로와 관련한 도전은 굳이 그 끝이 성공과 성취가 아니더라도 도전 그 자체만으로도 내 삶의 귀한 자양분이 된다. 그러니 꼭 도전하고 싶은 일이 있다면 일단 도전부터 해보자. 그리고 도전에 대해 책임진다는 마음으로 최선을 다한 노력을 해보자. 완벽하게 준비되기만 기다리며 아무것도 하지 않은 것보다 훨씬 더 발전한 나를 만날 수 있다.

나는 힘들수록
운동화 끈을 바짝 죄었다

"어떻게 원장님은 감기도 한번 안 걸려요?"

겨울이 되면 고객들이 종종 내게 묻는다. 내가 아무리 건강 관리를 잘한다 해도 어찌 한 번도 감기에 안 걸릴 수가 있겠는가. 나도 감기에 걸리고, 몸살도 하고, 급체도 한다. 그런데 신기하게도 지난 38년 동안 단 한 번도 주중에 아파본 적이 없다. 그러니 고객들은 내가 아픈 모습을 본 적이 없는 것이다.

나는 매일 규칙적인 생활과 운동을 한 덕분에 건강을 잘 유지하고 있다. 그런데 어쩌다가 아프더라도 토요일 퇴근 후에 통증이 시작되어 일요일 밤 정도가 되면 씻은 듯이 낫는다. 더 신기한 것은, 나만 그런 게 아니라 직원들도 대부분 그렇다. 아무래도 몸이 아프면 고객과 동료에게 피해를 주게 된다는 생각에 다들 정신력이 무척 강해진 듯하다.

감기의 경우엔 정신력 외에도 나만의 특별한 처방이 있긴 하다. 우선 감기에 걸린 고객이 오면 양해를 구하고 돌려보낸다. 직원과 다른 고객에게 옮기면 후폭풍이 더 크기에 건강을 회복한 후에 오라고 정중히 부탁드린다. 그리고 처음엔 몰랐다가 관리를 하는 도중에 고객이 감기인 것을 알게 된다면 즉시 마스크를 쓴다. 그리고 관리를 마무리한 후에 그 고객이 가고 나면 감기약을 미리 챙겨 먹는다.

감기에 걸릴까 염려돼 미리 약까지 챙겨 먹는 내 모습이 안쓰러웠는지 가족들은 감기에 걸리면 며칠 푹 쉬면 되지 왜 그렇게까지 하느냐고 답답해한다. 그런데 한번 그렇게 예외를 두고 요령을 피우기 시작하면 몸은 편할지 몰라도 마음은 더 힘들어진다. 조금만 아파도 쉬고 싶어질 것이고, 평소 아무렇지 않게 느끼던 증세도 아픈 듯이 느껴질 수 있다. 그렇게 정신력이 무너지고 책임감이 줄어들면 그 피해는 고스란히 고객과 직원에게 돌아가기에 더 단단히 나를 챙기는 것이다.

열정에는 총량이 없다

누군가는 열정도 에너지처럼 총량이 정해져 있다고 하지만,

나는 그렇게 생각하지 않는다. 하기 싫은 것을 억지로 하려면 있던 열정도 줄어들고 사라지겠지만 좋아서 하는 일, 하고 싶어서 하는 일은 하면 할수록 즐겁고 열정도 샘솟는다. 심지어 힘들어서 죽겠다 싶은, 앞뒤 모두 꽉 막힌 막막하고 암담한 상황에 놓여도 의지만 있다면 열정은 얼마든지 샘솟아 오른다.

"원장님은 이 일을 하면서 힘든 적은 없으셨어요?"

언젠가 부원장이 내게 물었다. 질문에 답을 해주려 지난 시간을 찬찬히 되짚어보는데, 아무리 생각해도 이렇다 하게 기억나는 일이 없었다. 40년 가까이 사업을 하면서 힘든 일이 전혀 없었던 것은 아닐 텐데, 그럼에도 "그때 정말 힘들었어!"라고 대답할 만한 특별한 것도 없었다.

나는 워낙 긍정적이고 낙천적인 성격인 데다, 힘듦에 대한 저항력도 아주 강하다. 비즈니스와 관련한 문제가 아니더라도 살다 보면 이런저런 힘든 일이 있기 마련이다. 그럴 때마다 나는 이 고비를 넘기면 분명 더 나은 시간이 올 것이라며 오히려 그 힘듦을 즐겼다. '나를 죽이지 못한 것은 나를 더욱 강하게 만든다'라던 니체의 말처럼, 내가 기꺼이 견디고 이겨낸 고난과 역경은 결국 내게 더 큰 기쁨과 행복감을 선물해줄 것을 믿었다. 그래서인지 나는 힘든 일이 닥치면 오히려 더 힘이 났다.

몇 년 전, 남편의 갑작스러운 사고로 일과 가정에 모두 위기가 닥쳤던 적이 있었다. 남편은 응급으로 수술을 하고 한 달가량 입원 후 1년 정도 통원치료와 재활치료를 했다. 그 모든 시간을 나는 남편과 함께했다.

수술하고 중환자실에 있던 일주일은 아예 출근을 못 했다. 그렇게 오래 회사를 비운 적은 평생 처음이었다. 직원들에게 상황을 설명하며 당분간은 전혀 회사에 나오지 못하니 모두 각자의 자리에서 야무지게 잘하라고 당부했다. 내 힘듦이 느껴져서인지 직원들은 평소보다 더 비장한 표정으로 그러겠노라 했다. 내가 직접 관리할 예약 고객들도 일정을 조정하거나 부원장에게 관리받도록 양해를 구했다. 다들 오랜 단골이다 보니 흔쾌히 양해해주었다.

수술 후 중환자실로 이동한 남편은 상상했던 것보다 훨씬 상태가 안 좋았다. 나는 그런 남편을 차마 간병인에게 맡길 수 없었다. 평소 헌신적일 정도로 내 일을 도와주고 나를 아껴주던 사람이라 나 또한 내가 직접 그를 돌보는 게 당연하다고 생각했다. 그런데 문제는 숍을 계속 운영하면서 남편의 간호에 집중하기란 거의 불가능해 보였다. 지금껏 얼굴관리는 모두 원장인 내가 직접 해왔는데, 언제 다시 숍에 나갈 수 있을지 기약이 없으니 막막하기만 했다. 오죽하면 남편과 일, 둘 중 하나를 선택해야 한다는 위기감까지 느껴졌다.

아무리 고심해봐도 무엇을 포기할지 답이 나오질 않았다. 남편과 일 둘 다 내게 너무나 소중하고 필요했다. 결국 어느 한쪽을 포기하기보다는 둘 다에 최선을 다해보기로 했다. 운동화 끈을 더욱 바짝 조여 묶고 내 안의 열정을 힘껏 끌어내 보기로 한 것이다.

수술이 잘 되고 중환자실에서 나와서 일반병실에 옮겼어도 간병인을 두지 않고 내가 직접 남편을 간호했다. 몸에 호스 9개가 연결되어 있었는데, 그 선이 하나라도 빠지면 생명이 위험한 상황이라 나는 밤새 잠도 못 자고 남편을 살펴야 했다. 그리고 순환을 돕기 위해 수시로 남편의 온몸을 주물러주었다. 남편의 회복을 위해 내가 할 줄 아는 게 그것뿐이고 내가 해줄 수 있는 것도 그것뿐이라 한시도 쉬지 않고 주무르고 또 주물렀다. 그렇게 온종일 주무르고 있으니 그 정성에 의료진이 놀랄 정도였다.

그토록 힘든 상황에서도 감사한 일은 어김없이 찾아왔다. 코로나 사태가 점점 심각해지면서 정부는 사회적 거리 두기를 시행했고, 그 결과 피부관리실도 동시에 여러 팀을 받을 수 없게 되었다. 사태의 추이를 살피느라 회원들이 예약을 모두 뒤로 미뤘는데, 나는 그게 얼마나 감사하고 반가웠는지 모른다. 정말 죽으란 법은 없단 생각이 절로 들었다. 남편이 나를 가장 필요로 하는 때에 숍이 직원들끼리 운영할 수 있을 정도로 고객이 조정되니 남편도 지키고 일도 지킬 수 있게 된 것이다.

남편의 건강이 조금씩 회복되고 몸을 움직일 수 있게 되자 나는 짬이 나는 대로 남편을 일으켜 함께 걷고 몸을 움직이게 했다. 평소 내 신발은 거의 굽이 닳지 않는다. 승용차로 출퇴근하고 숍 안에서는 실내에서 신는 신발로 바꿔 신으니, 외출용 신발의 굽이 닳을 일이 없다. 그런데 남편을 병간호하던 그 시기에 신었던 운동화는 바닥이 다 닳아서 너덜너덜해졌을 정도이다.

나의 정성과 간절한 기도가 통한 것인지 감사하게도 남편은 너무나 빠르게 회복해갔다. 덕분에 잠시나마 남편을 간병인에게 맡기고 숍에 다녀올 여유도 생겼다. 최대한 신속히 이동하여 예약 고객을 응대하고 다시 남편에게 돌아왔다. 마음이 조금 편해진 대신 몸이 두 배로 힘들어졌으나 이 또한 감사하며 나는 운동화 끈을 더 바짝 죄었다.

그 어떤 고난과 역경도 결국엔 다 지나가고 끝이 난다. 그런데 그 끝이 항상 좋은 결과만 가져오는 것은 아니다. 좋은 결과를 바란다면 그만큼 노력해야 한다. 눈 감고 웅크리고 앉아서 그저 시간이 지나기만 기다린다면 힘들어 죽을 것만 같던 그때보다 더 나쁜 최악의 상황이 올 수도 있다. 그래서 우리는 죽을 것 같은 힘듦 속에서도 무조건 뚜벅뚜벅 나아가야 한다. 절대 죽을 수 없다는 각오로 나아가다 보면 없던 힘도 솟아나고 바닥났던 열정도 다시 생겨난다. 그리고 옅게나마 빛이 보이기 시작한다. 마침내 바닥을 치고 올라오는 것이다. 이제 그 빛을 바라보며 무조건 나아가면 된다.

나는
명품이 좋다

압구정 세리 미용실에 근무할 때 고객 중 둘에 하나는 명품 가방이나 명품 옷을 입고 왔다. 피부관리가 부유층의 전유물처럼 여겨지던 때이기도 했고, 우리나라 최고의 토탈 뷰티숍을 이용하는 고객인 만큼 부의 수준도 남달랐다. 처음엔 그들의 여유로움이 부러웠는데 눈에 익숙해지니 명품보다는 사람의 품격이 더 눈에 들어왔다. 그리고 몸에 걸친 명품보다 인품이 훌륭한 명품 사람이 훨씬 더 대단하게 느껴졌다.

혼히들 명품이라고 하면 값비싼 고가의 브랜드 제품을 떠올린다. 그런데 비싸다고 다 명품은 아니다. 명품은 오랜 시간이 지나도 사람들에게 사랑받을 만큼 최고의 품질이 전제되어야 한다. 그리고 품질 그 이상의 고유한 품격도 있어야 한다.

사람도 마찬가지다 돈이 많다고, 큰 성공을 거뒀다고 해서 모두 명품인 것은 아니다. 머리부터 발끝까지 값비싼 옷과 보석으로 치장한다고 해서 명품이 되지는 않는다. 시장에서 산 고무줄 바지를 입어도 그 사람 고유의 품격이 우러나고 함께할수록 좋은 기운이 전해지는 사람, 그리고 그가 살아온 삶이 알짜이고 진국인 사람이 진짜 명품이다.

명품 중의 명품은 사람 명품

명품 가방이나 명품 옷도 주인을 제대로 만나야 그 본연의 가치가 빛난다. 최고급 한정판의 명품도 주인을 잘못 만나면 괜히 저급의 짝퉁처럼 싸구려 느낌을 풍기게 된다. 아무리 명품이라도 물건은 물건일 뿐이라 주인인 사람의 인품과 품격에 따라 재평가되는 운명을 피할 수 없다.

몇 년 전의 일이다. 고객 중에 온몸을 명품으로 휘감고 오던 60대 여성인 P가 있었다. 사람까지 명품이었으면 더없이 좋았겠으나, 안타깝게도 P의 말이나 행동은 거의 밑바닥 수준이었다. 특히 숍에서 관리를 받으며 P는 한시도 쉬지 않고 사돈집 험담과 사위의 욕을 해댔다. P의 딸이 몇 년 전에 소개로 만난 남자와 결혼했는데, 나중에 알고 보니 사돈집이 자신의 기대와 달리 경제적으로 어려웠던 모양이다.

"완전히 똥 밟았어. 똥! 똥도 그런 똥이 없어! 어디 거지 같은
것들이 남의 집 귀한 딸 인생을 망치려고 들러붙어서는! 한 달에
100만 원씩 아들이 자기 부모한테 용돈을 주는 거야. 거지 같은
것들을 만났어! 당장 이혼을 시키든가 해야지, 원!"

주위에 다른 고객이 있다는 것도 신경 쓰지 않고 혼자 큰소리
로 사돈과 사위를 욕하는데 마음 같아서는 당장 그 입을 틀어막
고 싶었다. 상대가 그렇게 험한 욕을 듣는 것도 단지 가난하다는
이유에서였다. 게다가 사위는 자신이 돈을 잘 버니 부모님에게
도움을 주는 것인데, 그걸로 비난한다는 게 상식적으로 이해가
안 됐다. 온몸에 치렁치렁 명품을 두를 여유면 자기가 나서서
라도 가난한 사돈을 도와줘도 될 텐데 P는 오히려 사람들 앞에
서 사돈과 사위를 욕하고 망신줬다. 심지어 자식까지 낳고 사
는 딸 부부를 이혼시켜야겠다는 무지막지한 말도 서슴지 않았
다.

P의 품격 떨어지는 말과 행동은 이뿐만이 아니었다. 우리 숍
에 등록할 때도 온몸에 주렁주렁 명품을 휘감고 와서는 10만 원
만 깎아달라고 억지를 부렸다. 수십 년 이 일을 해오면서 돈을
깎아달라는 고객은 처음이라 황당하기 그지없었다. 그런데 딸까
지 같이 등록을 했다고 하여 애써 마음을 다스렸더니, 이후로 여
기저기서 쌈닭처럼 문제를 일으키고 다녔다. P는 자신의 부족한
운전실력은 생각지도 않고 왜 이렇게 주차장이 좁냐, 주차장 관

리 아저씨가 왜 대신 주차를 안 해주느냐며 화를 내기도 하고, 본인이 관리를 받으러 왔는데 왜 이전 타임에 예약 손님을 받느냐며 황당한 시비를 걸기도 했다.

이는 비단 P라는 특정 인물만의 문제는 아니다. 많은 돈을 벌고 성공도 하고, 그에 걸맞은 소비로 자신을 치장하지만 내면은 여전히 밑바닥에 머물러 있는 성숙하지 못한 사람들이 의외로 많다. 이런 경우 그가 걸친 명품이 괜한 욕을 얻어먹을 정도로 인간의 내면적 성장이 아쉽다. 백화점에서 명품을 고르고 다닐 시간과 열정으로 당신 자신을 좀 더 빛나게 가꾸란 말이 목구멍까지 차오를 정도이다.

명품을 좋아한다고 해서 무조건 사치스럽다거나 허영심이 가득하다며 색안경을 쓰고 바라볼 이유는 없다. 단순히 남한테 자랑하기 위한 과시욕이 아닌 그 브랜드의 가치를 높이 평가하고, 경제적 능력뿐만 아니라 인성적인 품격까지 갖췄다면 이 또한 개인의 취향으로 존중해줘야 한다. 문제는 P처럼 자신의 부유함을 과시하기 위해 명품을 휘두르면서 말이나 행동, 생각 등이 밑바닥 수준인 사람이다. 이들은 명품이 아니라 그 무엇을 입고 걸쳐도 싸구려 느낌을 지울 수 없다.

물론 P와는 전혀 다른, 익을수록 고개를 숙이는 벼처럼 성숙하고 품격 있는 사람, 즉 진짜 명품인 사람도 많다. 우리 숍의 오랜 단골인 S는 겉모습만 보면 영락없는 시골 할머니이다. 그런데 알고 보니 부군이 제법 유명한 건설회사 대표인데다 S는 백화점은 아예 근처에도 가지 않을 만큼 알뜰하게 돈을 모으고 불려서 본인 명의로 된 건물도 몇 채가 있었다.

S는 자녀에게도 늘 검소하고 겸손한 삶을 가르쳤고, 검소함이 결코 인색함을 의미하는 것이 아니란 것도 몸소 실천으로 가르쳤다. 김장철이면 김치를 한가득 담아 홀로 사는 노인들에게 나누고 직접 캔 쑥으로 떡을 해 이웃에게 나눠주기도 한다. 주차장 관리 아저씨껜 항상 먼저 인사하고 막내딸 나이인 우리 직원들에게도 모두 말을 높이며 존중해준다.

S처럼 내면에서 우러나는 품격을 갖춘 사람 외에도 나는 자신의 일에 최선을 다하며 열심인 사람도 최고의 명품이라 생각한다. 사업적 성공, 명성, 부 등의 세속적 잣대가 아닌, 자신이 좋아하는 일, 잘하는 일을 찾아 열심히 즐기면서 일하는 사람은 그저 보고만 있어도 빛이 난다. 친하게 지내는 교수님 중에 20대에 식당 설거지 등 온갖 허드렛일을 하며 모은 돈으로 뒤늦게 공부를 해서 결국 모두가 부러워하는 대학교수가 된 분이 있다. 이렇듯 그 누구의 시선에도 흔들리지 않고 자신의 소신을 지키고, 꿈을 이루기 위해 노력하는 사람들 또한 진정한 명품이다.

경제적인 능력이 되어 명품으로 나를 더욱 빛나게 하는 것도 좋다. 그러나 가장 이상적인 것은 나 스스로 명품의 사람이 되는

것이다. 명품 중의 명품은 단연 사람이기에 무엇을 입든 무엇을
신든 나 자체로 반짝반짝 빛나는 존재가 되어야 한다.

돈의
품격

20대 후반이던 때에 나는 나보다 6살이 많은 둘째 언니와 종종 백화점에 쇼핑을 갔다. 좀 더 정확히 말하면 언니가 쇼핑할 때 혼자 가기 심심하니 나를 데려갔고, 옷을 보는 안목이 있는 내게 옷을 골라달라고 했다.

아이들은 언니네 집의 가사도우미분께 맡겨두고 자유로운 몸과 마음으로 언니의 쇼핑 가이드 역할을 해줬는데, 그때마다 나는 돈 걱정 없이 옷을 사는 언니가 신기하고 부러웠다. 다행히 언니는 2년 정도 지나면 옷에 싫증을 느껴 내게 물려주곤 했는데, 그래서인지 나는 내 옷을 사는 것처럼 즐겁게 옷을 골라주었다.

그렇게 쇼핑하다 보면 너무너무 갖고 싶은 옷이 눈에 들어올

때가 있다. 남편의 월급에 기대어 사는 가정주부에게 백화점 옷은 가당치도 않았지만 결국 유혹을 이기지 못해 6개월 할부로 지르고 나면 그 할부금을 갚는 내내 후회를 해야 했다.

어느 날 나는 언니에게 물었다.

"언니, 돈을 많이 벌려면 어떻게 해야 해요?"

"막내야, 돈은 노력한다고 해서 벌어지는 게 아니야. 돈은 그냥 어느 날 갑자기 생기는 거야."

지금 생각하면 황당하고 어이없는 대답이지만 언니로선 가장 성의 있는 답변을 해준 거였다. 부잣집 아들인 의사 남편과 결혼한 덕분에 덩달아 부자가 된 언니로선 그것 외엔 아는 답이 없었다. 그런데 언니의 대답을 들은 나는 더 황당한 생각을 했다.

'아! 돈이 어느 날 갑자기 생긴다고 하는 걸 보니 언니가 나한테 큰돈을 주려나 보다!'

이 또한 어린 나이에 결혼해서 연년생 아이를 키우는 초보 주부의 머리에서 나올 수 있는 최선의 생각이었다. 당시만 해도 나는 사고 싶은 것을 사려면 돈이 많아야 한다는 막연한 생각만 있었지, 돈을 어떻게 벌어야 하고 모아야 하는지에 대한 기본적인 개념이 없었다.

여자만 남편 복 받아? 남자도 아내 복 받지!

피부관리실을 한다고 양가 가족에게 커밍아웃하고 개포동에 숍을 차려 본격적으로 돈을 벌기 시작하면서, 나는 새삼 돈의 힘에 감동했다. 남편 월급만 바라보고 살 때는 월급날만 되면 "여보, 월급은?"이라며 남편의 눈치를 살피고, 남편이 건네준 월급봉투를 두 손으로 공손히 받으며 감사한 마음을 표현해야 했다. 그런데 내가 남편의 월급보다 훨씬 더 많은 돈을 벌게 되자 괜히 소심한 복수를 하고 싶은 마음도 들었다. 하루는 일요일에 여유로운 마음으로 화장을 하고 있는데 남편이 월급이라며 봉투를 내밀었다.

"응, 거기다 놔둬요."

평소와 다른 나의 태도에 남편이 조금 당황하는 듯 보였으나 나는 통쾌하기만 했다. 남편에게 조금 미안한 마음도 있었으나 그동안 눈치 보며 살았던 나 자신을 위로할 정도의 복수는 해줘야 할 것 같았다. 그날 아이들을 데리고 고급 레스토랑에서 식사를 했는데, 계산할 때 남편의 월급봉투를 꺼내서 그 돈으로 계산을 했다. "생활비가 부족하니 당신 용돈으로 계산해주면 안 되느냐"며 남편 눈치나 살피던 아내가 당당히 봉투를 꺼내 계산하는 모습에 적잖이 놀란 듯했다.

식사 이후엔 백화점에 가서 아이들의 옷도 사고 신발도 샀다. 그때도 남편의 월급봉투에서 돈을 꺼내 계산했다. 나는 속으로

'이제 당신 월급은 우리 가족 외식비랑 애들 옷값 정도밖에 안 돼. 내가 벌어서 우리 식구 먹여 살리는 거고 당신은 겨우 간식비 정도만 대는 거야.'라고 생각하면서 혼자 킥킥대며 웃었다. 지금 생각하면 너무나 유치한 생각이었지만 그땐 돈 때문에 받았던 스트레스가 컸던지 너무 통쾌하고 속이 뻥 뚫리는 느낌까지 들었다.

5년 정도 운영하던 개포동 숍을 정리하고 세리 미용실에 스킨케어 실장으로 취직했을 때도 월급 외에도 성과수당과 팁까지 받을 수 있어서 수입이 꽤 많았다. 그 당시 유명연예인과 그 가족들, 그리고 강남 부자들이 주 고객이다 보니 팁을 주는 경우도 많았다. 팁을 받으면 한 통에 다 모아두었다가 주말에 나누는데, 실장인 내가 50%를 가지고 나머지 50%는 직원들이 공평하게 나눠 가진다. 이 돈만도 적지 않은 액수였다.

그렇게 받은 팁은 매주 일요일이면 가족에게 몽땅 썼다. 가족 모두 목욕탕에 가서 관리사분께 세신 서비스를 받고, 끝나고 나와서는 맛있는 밥을 먹고 아이스크림도 먹었다. 그리곤 백화점에 가서 옷도 사고 책도 사고, 갖고 싶다던 장난감도 전부 사 줬다. 집으로 오는 길에 마트에 들러 과일이랑 고기도 잔뜩 사서 냉장고를 채워두었다. 주중에 많은 시간을 함께 보내주지 못하는 탓에 일요일 하루라도 온전히 아이들에게 서비스하며, 사고 싶은 것 먹고 싶은 것을 실컷 사 주고 싶었다.

감사하게도 아이들은 그때의 시간을 행복한 기억으로 간직하고 있다. 주말이면 엄마와 아빠가 자기들을 데리고 나가 원하는 모든 것을 하게 해줬다고 기억한다. 엄마가 돈을 잘 버는 것인 너무 자랑스럽고, 정말 대단해 보였다는 말도 덧붙였다. 더불어 어른이 되고 사회인이 되어 각자 자기 사업을 하는 지금, 그때의 엄마를 다시 만난다면 "정말 감사합니다!"라며 포옥 안아 주고 싶다고도 한다. 돈은 소중한 사람에게 많은 것을 해줄 수 있을 정도로 힘이 세지만 그만큼 벌기도 힘들다는 것을 이제는 알게 되었단 의미일 것이다.

내가 돈을 벌기 시작하면서부터는 남편의 월급에 연연하지 않았다. 남편이 적게 벌어오든 많이 벌어오든 별달리 신경 쓰지도 않았다. 오히려 내가 번 돈으로 남편에게 더 많은 것을 해주고 싶단 생각까지 들었다. 그래서인지 남편도 점점 가정적으로 변해 갔다. 따로 말하지 않아도 청소도 하고 설거지도 해줬다. 새롭게 숍을 열 때는 남편이 매장의 계약은 물론이고 인테리어와 청소까지 세세히 점검해주면서 내가 일에만 집중할 수 있게 도와주었다.

흔히들 능력 있는 남자를 만나 결혼한 여자에게 '남자 복이 있다', '남편 복이 있다'라며 부러워한다. 그러나 요즘은 남자도 여자를 잘 만나면 아내 복을 받는 세상이 되었다. 남편이 벌든 아내가 벌든 돈은 그만큼 힘 있고, 서로에게 복도 나눠줄 수 있으니 얼마나 귀하고 값진 것인가.

돈의 힘을 존중해야 돈이 따른다

의사 남편, 유능한 사업가 남편을 둔 덕분에 언니들은 평생 돈 걱정 없이 편안한 삶을 살고 있다. 월급쟁이 남편을 둔 덕에 내가 직접 돈을 벌어보겠다면서 사회로 나온 지 40년이 다 되어 간다. 덕분에 우리 가족도 여느 부잣집 부럽지 않을 정도로 갖고 싶은 것, 먹고 싶은 것, 하고 싶은 것을 다 하고 살았다. 그러다 문득 돌아보니 누구처럼 건물을 산 것도 아니고 수억 원의 금융 자산을 가진 것도 아닌, 그저 그런 평범한 중산층 정도의 삶에 머물러 있었다.

돈을 벌고 쓸 줄만 알았지 모을 줄 모르는 내 성격 탓이기도 하지만 나는 결코 그 삶에 후회하지 않는다. 열심히 일하고 돈을 벌어서 아들에겐 하고 싶다던 미술을 지원하고, 가고 싶다던 세계 일주를 1년 동안 보내주고, 대학원까지 마치게 해주었다. 딸에게도 아이가 계획하고 원하던, 중학교부터 대학까지 외국에서 유학할 수 있도록 지원해주었다. 아이들이 원하는 삶을 살아갈 수 있도록 지원했던 것만으로도 나는 '돈'에 충분히 감사한다.

돈이 없었다면 아이들에게 미안한 마음이 얼마나 컸을까. 특히 하고 싶은 공부가 있다는데 돈 때문에 지원해주지 못하고, 아이들이 자신이 바라던 삶이 아닌 전혀 엉뚱한 길로 가는 것을 지켜봐야 했다면 얼마나 가슴이 찢어졌을까. 물론 정말 뜻이 있고 재능이 있다면 본인 스스로 돈을 벌어서라도 그 길을 간다지만 어느 부모가 그걸 원하겠는가. 능력만 된다면 아이들은 맘껏 배우고 공부할 수 있도록 지원해주고 싶은 것이 모든 부모의 공통된 마음일 것이다.

감사하게도 열심히 일하고 살았던 덕분에 필요한 만큼의 돈을 벌 수 있었고, 그 돈으로 아이들을 마음껏 지원해줄 수 있었다. 누구처럼 건물을 물려주지는 못하더라도 아이들 스스로 제 길을 만들고 뚫고 나갈 강한 힘은 키워줬으니 그걸로 충분하다.

혹자는 돈은 천박하다고 말하지만 나는 돈은 너무나 귀하고 값지다고 생각한다. 특히 자신의 노력과 열정과 시간으로 번 돈은 그 사람의 귀한 삶만큼이나 높은 품격이 있다. 사고 싶은 것, 먹고 싶은 것, 하고 싶은 것을 맘껏 해보자며 일을 시작한 만큼 나는 돈을 중요하게 생각하고 그 힘을 인정하고 존중한다.

돈을 무시하고 천박하게 여기면 돈이 따르지 않는다. 돈의 가치를 인정하고 존중하면 돈은 내게 그만큼의 힘을 준다. 일 잘하고 돈까지 잘 벌면 대접받는 아내가 되고 존경받는 엄마가 된다. 열심히 일해서 번 돈으로 가족의 건강과 화목, 성장을 지원하니 돈은 나무를 무럭무럭 키워내는 귀한 거름과도 같은 역할을 한다.

어디 그뿐인가. 직원들에게 고생한다면 월급에 보너스까지 두둑하게 챙겨주면 그게 힘이 되어 더 큰 열정이 돌아온다. 이웃에게 하나라도 더 베풀고 나누면 친절로 되돌아온다. 돈이 절대적일 수는 없으나 정성과 마음이 담긴 돈은 그 이상의 에너지로 되돌아온다.

무엇보다 돈은 나를 더욱 당당하게 해준다. 내가 능력 있는 남편을 만났다면 사모님 소리를 들으며 편안하게 골프를 치고 백화점 쇼핑을 다녔을지 모른다. 하지만 평생 남편 비위를 맞추고 살아야 했을 것 같다. 나는 그런 삶은 상상만으로도 서글프고 우울하다.

비록 사모님 소리는 못 듣지만 대신 원장님 소리를 들으며, 사람들에게 인정도 받고 돈도 벌면서 늘 어깨 쫙 펴고 당당히 살고 있다. 나의 열정과 능력으로 번 품격 있는 내 돈이 주인인 나의 품격도 함께 올려준 덕분이다. 일의 목적이 돈을 버는 데만 있는 것은 아니지만 열심히 일해서 번 돈은 당연히 그 힘과 가치를 존중해주어야 한다. 그리고 품격 있게 잘 써야 한다. 그래야 돈도 더 열심히 나를 따르고 나의 품격을 올려준다.

왜 일과 삶을
분리하지?

"원장님은 온종일 숍에만 있으면 안 답답하세요? 친구도 만나고 취미 생활도 하고 휴식을 취하면서 힐링하고 싶지는 않으세요?"

몇 년 전의 일이다. 아끼던 직원이 사직 의사를 밝히며 내게 물었다. 그녀는 일은 재밌고 즐겁지만 많은 시간을 숍 안에서만 보내야 하는 자신의 삶이 답답하게 느껴진다고 했다. 일과 삶의 균형이 있는 '워라밸(Work-life balance)'을 추구하고 싶은데 현실은 그러지 못해 속상하다는 것이다.

"충분히 이해해요. 그런데 일 안에서 삶을 찾으면 되지 않을까요? 우리 일은 단순히 월급쟁이의 삶으로 끝나는 것이 아니잖아요. 기술을 익히고 경험을 쌓아서 창업하고 오너가 되는 것이 모두의 목표인데, 왜 일과 삶을 별개로 생각하죠?"

친구도 만나고 연애도 해야 하는 20대의 나이에 이런 나의 말이 쉽게 이해가 안 되겠지만, 그럼에도 나는 좀 더 일찍 그 길을 가고 있는 선배로서 나의 경험과 깨달음을 전해 준다.

비단 그 직원만의 문제는 아니다. 요즘 젊은이들은 일과 삶을 구분하는 경향이 강하다. 직장에서 일하다 보면 자기 개인의 시간이 없다고 토로한다. 뷰티 서비스에 종사하는 직원들은 미혼의 아가씨들이 대부분이다. 한창 친구들과 놀고도 싶고 남자친구와 데이트도 하고 싶을 때다. 주부들도 주말엔 가족들과 시간을 보내고 싶다. 더군다나 뷰티 서비스업의 경우엔 경력이 쌓이면서 그에 맞는 고급 기술까지 익혀야 하니 직장에서의 시간이 더 길어진다. 그러다 보니 직장에서의 시간이 답답하고 지루하게 느껴지기 마련이다. 빨리 퇴근하고 싶단 마음이 얼굴에 그대로 나타난다. 충분히 이해는 되지만 안타까운 마음도 크다.

고객과 직원이 친구이고 가족이고 이웃이다

나는 일과 삶이 별개라고 생각하지 않는다. 단순히 돈을 벌기 위해 자신의 재능이나 관심사와 무관하게 일하는 경우라면 일과 삶은 따로라는 생각이 들 수도 있다. 그런데 이는 일과 삶이 별개여서가 아니라 애초에 내 삶과 동떨어진 잘못된 일을 선택했기에 그런 생각이 드는 것이다. 나의 경우처럼 내가 좋아하는 일, 잘하는 일을 직업으로 선택하고, 단순한 월급쟁이가 아닌 창업하여 전문가로서의 길을 가는 사람은 일과 삶이 결코 별개일 수 없으며, 오히려 일 속에 삶이 자연스럽게 연결돼 있다.

나는 사회로 첫발을 내디딜 때 일과 삶을 완전히 다른 영역으로 보며, 둘 중 하나를 선택해야 한다는 생각을 하지 않았다. 내가 더 노력하면 충분히 그 둘을 연결해서 내 삶을 완성할 수 있을 것이라 믿었다. 어린 두 자녀를 돌봐야 하는 책임감이 막중했던 이유도 컸다.

집에서의 시간을 몇 배로 알차게 보내는 것은 물론이고 숍에서 일하는 시간에도 짬을 내어 장을 보고 반찬을 만들었다. 친구를 만나거나 취미를 갖는 것은 아예 생각도 못 했다. 그런데 그런 생활이 크게 갑갑하거나 불행하게 느껴지질 않았다. 일이 재미있기도 하거니와 내가 애써 노력하지 않아도 일과 삶이 자연스럽게 연결됐기 때문이다. 나는 어느덧 고객과 친구가 되어 즐겁게 수다를 떨고 있었고, 기술을 연구하면서 취미 생활이 주는 즐거움 이상의 성취감과 만족감을 느끼고 있었다.

그런 생활이 40년 가까이 이어지니 이젠 너무나 당연하게 일과 삶이 연결돼 있다. 숍 근처를 지나가다가 길에서 고객을 마주치면 누가 먼저랄 것도 없이 근처 커피숍으로 데리고 가서 커피를 사 준다. 어쩌다가 내가 일찍 출근하는 날엔 근처에 사는 고객에게 "모닝커피 아직 안 마셨으면 함께 하자"고 문자를 보내면 고객은 반갑게 달려 나온다. 그래 봤자 겨우 30분 정도의 짬이지만 그 시간을 활용해 동네 친구와 모닝커피를 같이 마시며 달콤한 수다를 떤다.

오랜 고객들은 서로의 경조사를 챙기는 것은 물론이고, 이사를 해서 집들이를 할 때도 초대한다. 그뿐만 아니다. 친한 친구나 가족을 대하듯이 속상한 얘기나 답답한 얘기를 다 털어놓는다. 심지어 말하다가 내 앞에서 꺽꺽대며 울기도 한다. 그러면 나도 모르게 따라 울면서 그를 토닥여준다. 오랫동안 함께한 직원들도 휴식 시간엔 내게 속상한 얘기를 풀어내거나 고민을 상담할 때가 많다. 그럴 때면 나는 내 딸을 토닥이고 격려하듯이 진심으로 그들의 이야기에 공감하고 조언해준다.

이런 일상이 이어지니 언제부턴가 "이 일이 나의 삶이구나! 나는 이 안에서 즐겁고, 이들에게서 배우고, 좋은 것도 이들에게 다 줄 거다."라는 생각이 들었다. 고객과 직원은 내 친구이자 가족이 되었고, 그들과 함께하는 시간은 내게 일인 동시에 삶이 되었다.

나는 직원들에게도 본인의 일 안에서 삶을 찾기를 조언한다. 이제 겨우 20대, 30대인 그들에겐 내 말이 꼰대의 고리타분한 잔소리로 들릴 수 있다. 그러나 최소 60년 이상을 일해야 할 100세 시대에 일과 삶이 분리되는 것이 과연 현명한 것인지는 스스로 생각해 볼 필요가 있다.

"일은 즐겁지만 매일 일상이 똑같으니 너무 무료해요."라고 말하는 직원도 있다. 겉으로 드러난 모습만 보면 매일 비슷한 일상인 듯도 하지만 내 생각은 다르다. 매일 만나는 사람이 다르고 나누는 대화가 다른데 어떻게 어제와 오늘이 같을 수 있겠는가. 일을 일로만 보면 사람이 다르고 나누는 대화가 달라도 그 차이가 잘 느껴지지 않는다. 그러나 일을 삶으로 보면 사람도 매번 다르고 대화도 다르고 일도 다 다르게 느껴진다. 그래서 매일매일의 느낌이 다 다르고 새롭다. 그러니 그 모든 것이 재미있고 궁금하고 감동이고 행복하다.

직원으로만 머물 것이 아니라 창업을 하고 원장이 되려는 꿈을 품고 간다면 더더욱 일과 삶을 분리해서는 안 된다. 일터에서 사적인 삶을 그리워하며 어서 일이 끝났으면, 어서 주말이 왔으면 하는 마음으로 일하면 일 자체가 고달파진다. 일이 고달프면 오래 하기 힘들다. 경력을 쌓고 기술을 쌓으려는 목표로 억지로 버티지만, 그렇게 억지로 짜내는 힘은 결코 오래가지 못한다.

일과 삶을 별개로 생각하며 사적인 시간을 갈망하는 마음은 일에 대한 열정을 떨어뜨리고, 꿈을 이루는 것에도 큰 걸림돌이 된다. 그러니 일과 삶을 분리하지 않고 일 안에서 삶도 만들어가려 노력해야 한다. 비록 완전하진 않더라도 동료가 친구가 될 수 있고 가족이 될 수 있다. 그렇게 천천히 일과 삶을 연결해가다 보면 마침내 일이 곧 삶이고 삶이 곧 일인, 진정한 생업일치의 행복감을 느끼게 된다.

희망으로
걱정을 덮자

"걱정하지 마, 엄마만 믿어!"
"걱정하지 마, 원장님만 믿어!"

내가 습관처럼 하는 말이다. 스스로 바보가 아닌가 생각될 정
도로 최강긍정, 절대긍정의 마인드로 살아가는 나는 주위의 한
숨과 걱정 소리가 커질수록 더 크게 긍정의 구호를 외쳐준다.

"요즘 다시 코로나가 심각해져서 신규회원이 줄었어요. 원장
님 어떡해요?"
"걱정하지 마, 원장님만 믿어!"
직원들이 신규고객의 등록이 줄었다며 걱정하면 나는 외려 걱

정하지 말라며, 다 잘될 거라고 큰소리를 친다. 에너지가 좋으면 지나가던 사람도 자석처럼 끌려와 내 고객이 되는 법. 그런 긍정의 마음으로 일해서인지 정말 그런 날은 신규회원이 몇 명씩이나 등록하기도 한다.

"엄마, 요즘 코로나 때문에 공방 수강생들이 줄었어요."
"걱정하지 마, 엄마만 믿어! 위기가 기회가 될 수 있어!"
대학과 대학원에서 디자인을 전공한 아들은 가죽공예 공방을 운영하면서 수강생들을 대상으로 강의도 하고, 매장에 작품을 전시하고 직접 판매도 하고 있다. 가죽공예의 최고 장인이라 손꼽히는 선생님께 2년간의 도제식 수업을 받은 후 사업을 시작한 덕분에 업계에선 나름 인정받으며 건실하게 성장해가고 있다. 그런데 최근 코로나 사태가 길어지면서 수강생들이 줄었고, 매장에서의 직접 판매도 줄어들었다. 10년 넘게 이어온 사업이 코로나라는 복병을 만나 위기상황을 맞자 아들의 얼굴에 걱정이 보였다.

"아들, 걱정은 희망을 덮는대. 그러니까 이제 우리 걱정이 희망을 덮지 못하도록 아예 희망으로 걱정을 덮어버리자."
나는 아들에게 언제까지나 공방 시스템으로 운영할 수는 없으니 수강생이 줄어든 이번 기회에 공장의 대량생산 시스템으로 전환해보자고 했다. 그리고 코로나 사태로 언택트 시대가 된 만큼 온라인에서의 판매도 적극적으로 진행해 보자고도 했다. 이미 기술도 충분하고 장비도 있으니 적당한 장소만 구하면 됐다. 걱정할 이유가 전혀 없었다. 이 생각으로 바뀌자 아들은 바로 행동에 옮겼다.

단어의 순서를 바꿨을 뿐인데 바로 희망이 모든 걱정을 덮은 듯이 걱정이 모두 사라졌다. 생각을 달리하면 다른 길이 보이고, 그 길을 따라 희망으로 향할 수 있다. 현실은 그대로일지라도 걱정에서 희망으로, 부정에서 긍정으로 생각을 바꾸면 이후의 시간이 희망과 긍정으로 차오른다.

이만하길 다행이다

50대 초반에 집에 도둑이 들어서 2억 원 상당의 보석을 도난당한 일이 있었다. 세리 미용실의 L 원장님을 너무나 좋아하고 존경하다 보니 나는 그분이 하고 있던 반지나 목걸이, 귀걸이 등 각종 보석도 눈여겨 봐두었다. 새롭게 숍을 열고 돈을 벌면 꼭 같은 것으로 구매하리라 다짐했다. 그리곤 오래지 않아 나와의 약속을 지켰다. 분당에 새롭게 숍을 열고 하루 50명이 넘는 고객을 받았을 정도로 돈을 잘 버니 비싼 보석을 사는 것도 그리 부담스럽지 않았다. 무엇보다 고생하는 내게 그 정도의 보상은 해주고 싶었다.

　어느 토요일 저녁, 예약 손님을 모두 마무리하고 남편과 외식을 한 후 늦은 시각이 되어서야 집에 돌아왔다. 그런데 평소와 달리 현관문이 조금 열려 있는 게 아닌가. 조심스레 집에 들어가보니 이미 상황은 종료된 후였다. 베란다 창문으로 들어온 도둑은 내가 애지중지하던 값비싼 보석들을 몽땅 훔쳐가 버렸다. 그나마 다행인 것은 내 보석들로도 충분했던지 집의 다른 곳은 거의 손대지 않아 별도로 청소를 하지는 않아도 됐다.

　집에 귀중품을 보관하는 금고가 따로 있었으나 평소 예쁜 것을 진열해두고 수시로 들여다보는 것을 좋아하는 나는 보석도 화장대 위에 한 줄로 늘어놓곤 매일 그날의 옷에 맞춰 선택했다. 그렇게 보란 듯이 진열해두었던 덕분에 도둑으로선 2억 원 상당의 보석을 그저 호주머니에 쓱 옮겨 담기만 하면 되었던, 운수 대통한 날이었다.

　텅 빈 화장대가 어찌나 초라해 보이던지 눈물이 찔끔 나올 뻔했다. 그런데 허탈한 마음도 잠시뿐이었다. 화를 내고 속상해한다고 해서 도둑맞은 보석이 다시 내 품으로 돌아올 리 만무했기에 나는 미련을 단번에 끊어냈다.

　"여보, 어떡해. 아깝고 속상해서…."

　"뭘 어떡하겠어요. 이미 도둑맞은 건데. 이제 그런 비싼 보석

사는 거 그만하라는 하나님의 가르침 같네요."

이미 벌어진 일이니 최대한 긍정적으로 해석했다. 비싼 보석을 집에 두고 도둑맞을까 전전긍긍하며 사느니 차라리 보석 없이 사는 것이 더 마음 편하다는 생각까지 들었다. 신고를 받은 경찰이 도착했을 때 나는 이미 마음 정리가 끝난 뒤라 너무나 의연한 모습이었다. 오죽하면 경찰이 "정말 보석 도둑맞은 사람 맞느냐?"라며 의아해했을 정도였다.

한 달 정도 뒤에 도둑을 잡았는데 내 예상대로 보석은 해체해서 다른 곳으로 팔려간 뒤였고, 돈까지 모두 써버린 상태라 전혀 되돌려받을 수 없었다. 이미 마음을 비운 뒤라 그다지 충격적이지도 않았다. 오히려 그 시간에 집을 비워 가족이 다치지 않은 것만으로도 충분히 감사했다.

나는 좋지 않은 일일수록 최대한 빨리 잊고 긍정적으로 해석하려 노력한다. 이미 벌어진, 더는 되돌릴 수 없는 일에 연연하다 보면 그 뒤에 이어올 일들까지 줄이어 망치기 일쑤다. 차라리 훌훌 털어버리고 잊으면 최소한 마음은 편하니 이후의 일에 크게 지장을 주지 않게 된다. 또 잊고 포기하는 것에서 한발 더 나아가 최대한 긍정적인 메시지를 뽑아내어 교훈으로 삼으면 이후의 시간을 더 발전적으로 보낼 수 있다. 실제로 그날의 사건은 그간 값비싼 보석에 집착하던 나의 허영심을 단번에 잘라내 주었다.

"의사는 자신을 신뢰하는 사람의 병은 대부분 고친다."

고대 그리스의 의학자 갈레노스가 한 말이다. 전문가들은 질병의 치료에 있어 약물과 치료과정이 거둔 효과는 보통 30%가 전부라고 한다. 나머지는 의사의 긍정적 암시와 그것을 믿는 환자의 태도에 영향을 받는다는 것이다. 즉, 의사를 신뢰하며 병이 나을 것을 확신하는 긍정적인 태도의 사람은 결과 또한 긍정적으로 이끈다는 것이다.

질병뿐만 아니라 삶에도 이런 생각과 태도의 힘은 너무나 크게 작용한다. '이만하길 다행이다', '이것만으로도 너무나 감사하다', '할 수 있다', '잘 될 것이다'라며 매사에 감사하며 긍정적으로 생각하는 사람은 실제로 결과 또한 그렇게 될 때가 많다. 결과를 이끄는 과정에서 감사와 긍정이 충만하니 그렇지 못한 사람과 비교해 분명 더 나은 결과를 낳는 것이다.

너의 꿈은
안녕하니

K-팝, K-드라마, K-스포츠 등 K 트렌드가 세계적인 열풍을 일으키고 있다. 여기에 당당히 K-뷰티가 세계를 무대로 한국의 저력을 보여주고 있어서 얼마나 기쁘고 뿌듯한지 모른다. 세계 여러 나라에서 K-뷰티를 배우기 위해 한국으로 유학을 올 정도이니 뷰티산업의 미래 또한 희망으로 가득한 꽃길이 아닐 수 없다. 그런데 현실은 어떤가.

"일할 직원이 없어요. 다들 몇 달도 안 돼서 관두고 나가버려요."

세계 속 K-뷰티의 인기나 위상과는 별개로 정작 뷰티 서비스업의 현장에서는 직원을 구하지 못해 속을 태우고 있다. 대학에서의 배움에는 열정이 넘치던 청년들이 막상 현장에 와서는 마치 약속이라도 한 듯이 하나둘 꿈을 포기하고 떠나간다.

그도 그럴 것이 기술 전문직이라 자부하며 어렵사리 공부하고 자격증까지 취득했지만 정작 급여는 최저시급과 크게 다를 바 없고, 노동의 강도 또한 만만치 않기 때문이다. 특히 피부관리와 수기경락은 체력적인 소모가 큰 분야이다 보니 이런 현상이 더욱 두드러진다.

40년 가까운 세월을 같은 길을 걸어온 선배로서 충분히 이해하고 공감한다. 그럼에도 나는 직업적인 특성이 주는 한계보다 더 큰 진짜 이유가 따로 있다고 생각한다. 다름 아닌 꿈을 향한 그들의 열망이 부족하기 때문이다. 꿈은 돈이나 편안함과 같이 당장 확인되는 달콤함과 바꿀 만큼 그리 가볍고 하찮은 것이 아니다. 꿈은 진심이어야 하고, 웬만한 역경으론 끄떡하지도 않을 만큼 단단한 것이어야 한다. 그래야 진짜 꿈이다.

힘들수록 꿈이 필요하다

20대를 어떻게 보내느냐는 무척 중요하다. 수십 년 전인 '라떼' 에도 그러했지만 100세 시대가 된 지금은 나만의 전문분야를 확보하지 않고서는 50년 가까운 경제활동의 시기를 순탄하게 보낼 수가 없다. 20대에 진로를 확실히 정하고 자기 분야에서 실력과 경력을 꾸준히 쌓아야 30대가 되어서 그 열매를 맛볼 수 있다. 그리고 40대, 50대가 되면 전문가의 경지에 이르면서 그 누구도 대체할 수 없는 자신만의 영역을 갖게 된다.

이런 분명한 절대 공식을 두고도 적지 않은 청년들이 최악의 선택을 한다. 미래를 보는 눈은 닫아버리고 당장 눈앞의 돈이나 편안함만 바라보는 것이다. 대학에서 제휴업체의 인턴을 제안해도 안 하려고 하고, 심지어 정규직의 취업을 연결해줘도 안 하려고 한다. 편의점이나 커피숍, 프랜차이즈 음식점에서 편히 일해도 비슷한 수준의 돈을 벌 수 있으니 굳이 힘든 일을 할 이유가 없는 것이다. 그런데 이런 선택은 당장 몸과 마음이 편할 수 있을지는 모르나 미래가 없고 꿈도 없다.

편의점이나 커피숍의 아르바이트를 10년간 꾸준히 한다고 해서 그 분야의 고수가 될까? 어림도 없다. 20대 초반의 대학생들 위주로 젊고 외모도 출중한 아르바이트생들이 끝도 없이 공급되는데 30대의 사람을 고용해줄 곳이 얼마나 될까. 더군다나 대부분의 아르바이트는 단순 노동이라 오래 일한 사람이 고수의 경지에 오를 만큼 전문적인 기술을 필요로 하는 일이 아니다. 그러다 보니 경력이 곧 실력이 되지도 않을뿐더러 급여의 차이도 거의 없다.

오늘의 편안함만을 추구하며 20대에 허송세월 보내다 보면,

30대나 40대에 접어들어 정말 아르바이트 말고는 할 일이 없다. 게다가 일하기 편한 곳은 20대에게 밀려 자리가 없고 모두가 꺼리는 위험한 일, 힘든 일, 더러운 일을 해야 하는 상황을 맞을 위험도 크다.

"요즘의 20대 청년들은 왜 힘든 일을 안 하려고 할까요? 우리 땐 지금 당장은 힘들어도 그게 내 꿈을 이루는 길이라면 참고 묵묵히 해냈거든요."

수십 년 전의 상황과는 확연히 달라진 현실이 당혹스러워 직원들에게 질문을 던져보았다.

"희망이 없어서 그렇지 않을까요? 한 달 월급을 받아봤자 이것저것 제하고 나면 겨우 용돈 정도의 수준이니 어떻게 희망을 품고 미래를 계획하겠어요? 그냥 하루하루 먹고사는 거죠."

"맞아요. 학자금 대출 때문에 빚으로 시작하는 인생이라서 나 한 몸 먹고살기도 힘드니 결혼도 포기, 내 집 마련도 포기! 그렇게 모든 걸 포기하니 꿈도 사라지고 희망도 사라진 거죠."

틀린 말은 아니지만 그렇다고 꼭 맞는 말도 아닐 것이다. 그럼에도 꿈을 품고 희망을 가지며 미래를 준비하는 청년들도 얼마든지 많다. 반대로 현실이 힘들어서 꿈마저 포기한다면 악순환의 늪에서 빠져나올 길을 영영 잃고 만다. 현실이 힘들수록 더더욱 꿈과 희망을 포기하지 않아야 밝은 미래로 향하는 길을 찾을 수 있다.

조금만 더 나아가면 꽃길이다

"열심히 일하면 정말 창업하고 원장이 될 수 있을까요?"

"그럼요! 애가 둘이나 딸린 아줌마였던 나도 해냈잖아요. 포기하지만 않으면 돼요."

K-뷰티에 대한 환상과 현실 사이의 큰 괴리에도 불구하고 감사하게도 우리 회사는 장기근속 직원이 많다. 그런데 이들도 처음엔 다들 혼란의 시기를 겪는다. 좋아하고 잘해서 시작한 일이지만 막상 실전에 임하면 몸도 고되고 급여도 따라주질 않으니그 모든 희망이 사라지는 것이다.

"딱 1년만 해봐요. 그럼 분명 생각이 달라질 테니."

모든 일이 그러하겠지만 뷰티 서비스업은 특히 성실함이 제일중요하다. 그리고 그 성실함의 끝에는 반드시 열매가 열린다. 그래서 나는 직원들에게 딱 1년만 학교에 더 다닌다는 심정으로 일해보길 조언한다. 당장 눈앞의 돈이나 성과가 아닌 현장에서 실전을 배운다는 마음가짐으로 1년을 일하다 보면 어느새 일이 수월해지기 시작한다. 그만큼 실력이 향상되고 일도 익숙해지니몸과 마음이 편안해지는 것이다.

그렇게 3년을 지나오다 보면 이젠 일이 힘들기보단 슬럼프가 오기 시작한다. 다람쥐 쳇바퀴 도는 듯한 일상이 슬슬 권태로워지는 것이다. 그래서 결혼이라는 탈출구를 찾기도 하고, 전혀 다른 분야의 일을 탐색하며 새로운 삶을 계획하기도 한다. 이러한 선택이 진중한 고민 끝에 나온 해답이라면 나는 응원의 말을 아끼지 않는다. 그러나 단지 이 일이 지루하고 권태로워서라면 다시 그들을 붙잡는다. 조금만 더 나아가면 그토록 바라던 꽃길이 펼쳐져 있다는 것을 경험으로 알기에 그들을 아무렇지 않게 보낼 수 없어서다.

실제로 현장에서의 경험을 5년 이상 꾸준히 이어온 사람들은 이직하거나 이 일을 포기하는 경우가 거의 없다. 조금만 더 나아가면 바라던 고지가 있다는 것을 아는데 그런 어리석은 선택을 할 이유가 없다. 오히려 그때부턴 내가 따로 말해주지 않아도 그들이 먼저 안다. 지금 이 모퉁이만 돌면 그토록 바라던 꿈과 만날 수 있다는 것을.

물은 100℃가 되기까지 지루할 정도로 변화가 미비하지만, 100℃에 이르게 되면 폭발적으로 끓기 시작한다. 오늘 하루를 살아내기가 힘겹고 벅찰지라도 꿈을 향한 걸음을 멈추지 않는다면 머지않아 내 삶의 100℃인 임계점에 달하게 되어 바라던 꿈과 만나게 된다.

꿈을 이룬 사람 중에 쉽게 그것에 다다른 사람은 아무도 없다.

오히려 귀하고 소중한 꿈일수록 그것에 이르는 길이 더 거칠고 험난하다. 전 세계에 'K-드라마'의 열풍을 일으켰던 〈오징어 게임〉의 황동혁 감독도 무려 10년이라는 긴 시간을 작품의 기획과 제작을 위해 열정을 쏟았다. 세계 젊은이들의 우상과도 같은 BTS도 하루에 2시간 남짓한 잠으로 버티고, 생계를 위해 아르바이트까지 하면서 연습생 시절을 지나왔다.

제아무리 아름답고 향기로운 꽃도 어둡고 차가운 땅속에서 싹을 틔우는 인고의 시간을 지나와야 비로소 줄기를 뻗어 잎을 만들고 꽃을 피운다. 그러니 지금의 걸음걸음이 힘겹고 무겁더라도 포기하지 않고 꾸준히 나아가야 한다. 그래야 그 끝에서 바라던 꿈에 이르고 희망으로 가득 찬 미래와 만날 수 있다.

PART5 스무 살의 열정, 내 마음의 불꽃을 유지하라

감사와 긍정으로 행복하고 품격 있는 삶을 완성하자

"뭐가 그렇게 좋으세요? 볼 때마다 웃고 계시네요."
"감사하고 행복해서요."
"네? 뭐가 그렇게 감사하고, 뭐가 그렇게 행복하세요?"
"다 감사하고 다 행복합니다!"

집에서 가족과 함께 있을 때 안정과 평온함이 느껴진다면, 출근하여 일할 땐 저절로 생기가 채워지고 즐겁고 행복한 감정이 차오른다. 40년 가까이 같은 일을 해왔으니 지겹거나 지칠 법도 한데 감사하게도 일을 하면 할수록 감사와 행복이 더욱 커진다.

나는 참 유별나다 싶을 정도로 가꾸고 꾸미기를 좋아하는데, 그것이 나의 평생 업이 되었으니 이 얼마나 감사한 일인가. 강한 체력과 건강한 피부, 나이보다 제법 젊게 보이는 동안이 강점이 되어 일흔이 다 되어가는 나이에도 여전히 현장에서 일하고 있으니 이 또한 감사한 일이다. 어디 그뿐인가. 10년 넘게 꾸준히 찾아주는 고객들은 이제 친구가 되고 가족이 되어 소소한 일상을 나누고 서로 경조사까지 챙겨주는 사이가 되었다. 그들 속에서 함께 세월을 쌓고 행복을 채워가니 이 또한 감사하다. 이런 수많은 감사가 모여 내 삶의 행복감을 채워주니 매 순간이 행복일 수밖에.

신체의 건강과 아름다움도 속부터 다스려야 겉이 좋아지듯이 우리의 삶도 내 안의 즐거움, 행복감을 채워야 진정 아름다운 삶이라 할 수 있다. 그런데 행복은 어느 날 갑자기 찾아오는 것도 아니고, 다른 사람이 만들어주는 것도 아니며, 크고 대단한 것을 완성해야 하는 것도 아니다.

행복은 태도이자 습관에서 비롯된다. 행복한 상황이 만들어져야 행복한 게 아니라 삶 속에서 깨알 같은 행복을 찾고 감사하면 감사한 일이 계속 늘어나고, 그 감사함으로 행복감도 차오른다. 비가 오면 비가 와서 행복하고 햇빛이 쨍쨍하면 또 햇빛이 쨍쨍해서 행복하다. 심지어 열 가지가 나빠도 한 가지가 좋으면 그 안에서 감사와 행복을 찾고 키워나가면 된다.

물론 살다 보면 슬픈 일도 힘든 일도, 화가 나는 일도 생긴다. 그런데 그 안에서도 감사와 행복은 얼마든지 찾을 수 있다. 고대 그리스의 의학자 갈레노스는 "의사는 자신을 신뢰하는 사람의 병은 대부분 고친다."라고 했다. 전문가들은 질병의 치료에 있어 약물과 치료과정이 거둔 효과는 보통 30%가 전부라고 한다. 나머지는 의사의 긍정적 암시와 그것을 믿는 환자의 태도에 영향을 받는다는 것이다.

어둠 속에서도 작은 불빛을 바라보며 나아간다면 언젠가는 환한 빛과 만날 수 있다. 설령 한 줄기의 빛도 없는 깜깜한 어둠 속에 있다고 해도, 스스로 빛을 밝히려는 의지와 열정만 있다면 그것이 빛이 되어 더 밝은 곳으로 나아갈 수 있다. 어떤 상황에서도 긍정의 태도를 유지하고 감사한 마음을 가진다면 잘 극복하고 이겨낼 수 있기에 자신을 믿고 그 길을 뚝심 있게 나아가면 된다.

나는 이 책을 읽는 모든 독자가 긍정과 감사를 통해 삶의 소소한 행복을 찾고, 마침내 삶이 행복감으로 충만해지는 아름답고 품격 있는 삶을 살아가기를 기원한다. 그것은 마음먹기에 따라, 노력하기에 따라 얼마든지 가꾸고 채울 수 있기에 지금부터라도 차근차근 준비하면 된다. 이 책에 담긴 나의 이야기가 당신이 더 큰 행복을 찾는 데 조금이나마 도움이 되길 바라본다.

끝으로 책이 나오기까지 수고해주신 (주)엔터스코리아 양원근 대표님과 김효선 과장님, 그리고 책장속북스 신호정 대표님 이하 직원분들께 감사의 마음을 전한다. 또한 아낌없는 조언을 주신 국제대학교 권혜영 교수님께 감사드린다.

감사의 마음을 담아
한기연

나는 품격 있게 일한다

초판 1쇄 발행   2022년 3월 28일
지은이   한기연

펴낸이   신호정
편집   전유림
마케팅   이혜연
디자인   이지숙
일러스트   백소영
기획   (주)엔터스코리아 책쓰기브랜딩스쿨

펴낸곳   책장속북스
신고번호   제 2020-000111호
주소   서울시 송파구 양재대로 71길 16-28 원당빌딩 4층
대표번호   02)2088-2887
팩스   02)6008-9050
인스타그램   @chaegjang_books
이메일   chaeg_jang@naver.com

ISBN   979-11-91836-06-6 (03190)